Grundriß

des

gesamten deutschen Rechtes

in Einzelausgaben

von

Dr. iur. Paul Posener,

Rechtsanwalt in Berlin.

6. Band.

Handelsrecht.

3. und 4. Auflage.

Berlin 1910.

J. Guttentag, Verlagsbuchhandlung,

G. m. b. H.

Druck von A. W. Hayn's Erben (Curt Gerber), Potsdam.

Inhaltsverzeichnis.

1. Kapitel.

Geschichte und Quellen des Handelsrechtes.

2. Kapitel.

Der Handelsstand.

3. Kapitel.

Die Handelsgesellschaften.

4. Kapitel.

Die Handelsgeschäfte.

Abkürzungen.

A = Anfechtungsgesetz.
Abs = Absatz.
ALR = allgemeines Landrecht (Preußen).
Ausf- = Ausführungsgesetz zu .....
B = Bürgerliches Gesetzbuch.
Bn = Binnenschiffahrtsgesetz.
Band = Band des Grundrisses.
C = Strafprozeßordnung.
Cod = Codex.
D = Digesten.
E = Eisenbahnverkehrsordnung.
Einf- = Einführungsgesetz zu .....
F = Reichsgesetz über freiwillige Gerichtsbarkeit.
Fl = Flößereigesetz.
G = Gerichtsverfassungsgesetz.
Gb = Ges. betr. die Gesellschaften mit beschränkter Haftung.
Gn = Genossenschaftsgesetz.
Gr = Grundbuchordnung.
GS = Gesetzsammlung.
Gw = Gewerbeordnung.
H = Handelsgesetzbuch.
J = Institutionen.
JRA = Jüngster Reichsabschied.
K = Konkursordnung.
KG = Entsch. des Kammergerichtes.
MC = Militärstrafgerichtsordnung.
MS = Militärstrafgesetzbuch.
Nr. = Nummer.
OVG = Entscheidungen des preußischen Oberverwaltungsgerichtes.
P = Patentgesetz.
Po = Postgesetz.
pr = preußisch.
R = Reichsverfassung.
RG = Entscheidungen des Reichsgerichtes.
RGBl = Reichsgesetzblatt.
RMG = Entscheidungen des Reichsmilitärgerichtes.

ROLG = Rechtsprechung der Oberlandesgerichte.
S = Strafgesetzbuch.
SC = senatus consultum.
sc. = saeculum.
Ssp = Sachsenspiegel.
Swsp = Schwabenspiegel.
U = Urheberrechtsgesetz.
Uk = Kunstschutzgesetz.
V = Verfassung.
Vl = Verlagsgesetz.
Vv = Versicherungsvertragsgesetz.
vgl. = vergleiche.
W = Wechselordnung.
w. o. = weiter oben.
w. u. = weiter unten.
Z = Zivilprozeßordnung.
Zg = Zwangsversteigerungsgesetz.

Anfragen und Berichtigungen werden an die Adresse der Verlagsbuchhandlung oder direkt an den Verfasser Rechtsanwalt Dr. iur. Paul Posener in Berlin W 35, Potsdamer Straße 123, erbeten.

1. Kapitel.

Geschichte und Quellen des Handelsrechtes.

§ 1. Handel ist Spekulation auf Gewinn durch Vermittelung.

Arten des Handels: Einfuhr-, Ausfuhr-, Durchfuhrhandel; Binnen- oder Inlandshandel; Land- und Seehandel; Distanz- und Platzhandel; Groß- und Kleinhandel oder Engros- und Detailgeschäft; vgl. Band 26 33.

Literatur. Lehrbücher von Cosack, Gareis, Lehmann, Thöl; Kommentare von Staub, Düringer und Hachenburg, Goldmann; Handbücher von Endemann und Goldschmidt. — Borchardt, Handelsgesetze des Erdballs, in 3. Aufl. von Kohler, Meyer u. a. herausgegeben.

§ 2. Geschichte des Handelsrechtes. I. Römisches Recht durch Einwirkung fremder Kulturen, insbesondere der althellenischen, beeinflußt.

Römischer Handel ist Unternehmung des Grosskapitales, vorzugsweise überseeisch. Besonders Ausbildung des Obligationenrechtes, Grundlagen der Inhaberpapiere, Stellvertretungsprinzip in den adjektizischen Klagen (Band **18** 46), Seedarlehn, grosse Haverei (Band **7** 26).

II. In den **italienischen Städten** des Mittelalters allmählich Standesrecht der Kaufleute, und zwar teils durch Neubildung, z. B. Firma, Handelsgesellschaft, Bank, teils durch Abänderung des römischen Rechtes, z. B. Aufhebung der Zinsenbeschränkung, Gleichstellung des Handelsstandes mit dem Kaufmanne.

III. In **Deutschland** bereits Anfang des 11. sc. besonderes Recht für die Kaufleute; sehr gefördert durch das Emporblühen der großen Handelsstädte, z. B. Frankfurt, Nürnberg, ferner Hamburg und Lübeck (Hansen).

IV. In **Frankreich** unter Ludwig XIV.: ordonnance de commerce durch Colbert und Savary 1673, ferner ordonnance de marine 1681. Unter Napoleon 1808 code de commerce.

V. Für **Preußen** 1794 ALR II 8, vgl. Band 21 17.

In den linksrheinischen Gebieten galt rheinisches Handelsrecht (code de commerce).

In Baden galt der Anhang zum badischen Landrechte (Band **19** 17), eine Übertragung des code de commerce.

Im übrigen Deutschland galt gemeines Handelsrecht auf gewohnheitsrechtlicher Grundlage.

VI. **Entstehung des allgemeinen Deutschen Handelsgesetzbuches im Deutschen Bunde.**

Württemberg beantragt 1836 auf der ersten Generalkonferenz des Deutschen Zollvereines, Hauptgesichtspunkte zu vereinbaren, nach denen in den Einzelstaaten eine Handelsgesetzgebung stattfinden könne. Entwürfe in Preussen, Sachsen, Württemberg, Braunschweig, Nassau. **Württemberg** beantragt 1846 auf der achten Zollkonferenz die Berufung einer Kommission für ein gemeinsames Wechselrecht; darüber Band **19** 28.

Eine **Kommission** für den Entwurf eines gemeinsamen deutschen Handelsgesetzbuches tagt in Frankfurt am Main vom Dezember 1848 bis März 1849. **Württemberg** beantragt auf der Zollkonferenz vom 20. Februar 1854, ein einheitliches Handelsrecht zu schaffen. **Bayern** beantragt am 21. Februar 1856 bei der Bundesversammlung des Deutschen Bundes, eine Kommission zur Vorlage eines „allgemeinen Handelsgesetzbuches für die deutschen Bundesstaaten" einzusetzen. Annahme des Antrages am 17. April 1856; durch Beschluss vom 18. Dezember 1856 wird eine Kommission eingesetzt.

Kommission am 15. Januar 1857 zu **Nürnberg** zusammengetreten, Beratungen auf Grund des preussischen Entwurfes unter Berücksichtigung des österreichischen.

Definitive Feststellung des Entwurfes nach Erledigung der vielen „Erinnerungen" am 14. März 1861 in der Bundesversammlung mitgeteilt; Entwurf hat fünf Bücher: 1. Rechtsverhältnisse des Handelsstandes als solchen, 2. Handelsgesellschaften, 3. stille Gesellschaft und Gelegenheitsgesellschaft, 4. Handelsgeschäfte, 5. Seerecht.

Durch **Beschluss vom 8. Mai 1861** Aufforderung des Bundes an die Einzelstaaten, diesen Entwurf als Landesgesetz zu verkünden.

Das allgemeine Deutsche Handelsgesetzbuch wurde überall als Landesgesetz eingeführt; ausgenommen Schaumburg-Lippe, Luxemburg und das preussische Jadegebiet.

VII. **Norddeutscher Bund und Deutsches Reich.** Durch **Bundesgesetz vom 5. Juni 1869** ist das allgemeine deutsche Handelsgesetzbuch zum Bundesgesetze geworden; durch Einf-R 2_2 Reichsgesetz. — Hierdurch ist das bisher nur als allgemeines Recht geltende Gesetzbuch zu gemeinem Reichsrechte geworden.

Abänderungen: Aktiengesellschaft und Kommanditgesellschaft auf Aktien durch Reichsgesetz vom 11. Juni 1870 dahin geregelt, dass an Stelle des Konzessionssystemes das System der Normativbestimmungen gesetzt wird. Durch Reichsgesetz vom 18. Juli 1884 Verschärfung der Normativbestimmungen, namentlich infolge der Vorgänge in der Gründerperiode. — Buch V, Titel 4 durch die Seemannsordnung vom 27. Dezember 1872 aufgehoben; diese ist wiederum durch die Seemannsordnung vom 2. Juni 1902 ersetzt worden (Band **7** 28). — Durch Reichsjustizgesetzgebung vom 1. Oktober 1879 Beseitigung der handelsrechtlichen Beweisregeln.

Revision des allgemeinen deutschen Handelsgesetzbuches: das Handelsgesetzbuch vom 10. Mai 1897 hat 905 Paragraphen; Einf-H hat 28 Artikel.

Das Handelsgesetzbuch hat **vier Bücher:** Handelsstand, Handelsgesellschaften und stille Gesellschaft, Handelsgeschäfte, Seehandel.

1. Buch: Handelsstand, in acht Abschnitten:

1. Kaufleute, 2. Handelsregister, 3. Handelsfirma, 4. Handelsbücher, 5. Prokura und Handlungsvollmacht, 6. Handlungsgehilfen und Handlungslehrlinge, 7. Handlungsagenten, 8. Handelsmäkler.

2. Buch: Handelsgesellschaften und stille Gesellschaft in fünf Abschnitten.

1. offene Handelsgesellschaft, 2. Kommanditgesellschaft, 3. Aktiengesellschaft, 4. Kommanditgesellschaft auf Aktien, 5. stille Gesellschaft.

3. Buch: Handelsgeschäfte, in sieben Abschnitten:

1. allgemeine Vorschriften, 2. Handelskauf, 3. Kommissionsgeschäft, 4. Speditionsgeschäft, 5. Lagergeschäft, 6. Frachtgeschäft, 7. Beförderung von Gütern und Personen auf den Eisenbahnen.

4. Buch, Seehandel, in elf Abschnitten:

1. allgemeine Vorschriften, 2. Reeder und Reederei, 3. Schiffer, 4. Frachtgeschäft zur Beförderung von Gütern, 5. Frachtgeschäft zur Beförderung von Reisenden, 6. Bodmerei, 7. Haverei, 8. Bergung und Hilfsleistung in Seenot, 9. Schiffsgläubiger, 10. Versicherung gegen die Gefahren der Seeschiffahrt, 11. Verjährung. — Der 10. Abschnitt ist durch das **Gesetz,** betr. Änderung der Vorschriften des H über die Seeversicherung **vom 30. Mai 1908** abgeändert worden.

§ 3. **Handelsrecht** ist das Sonderrecht des Handels (oder: das Standesrecht der Kaufleute).

I. Handelsrecht ist gewöhnlich die Bezeichnung für Handelsprivatrecht.

Daneben gibt es: Handelsstaatsrecht für die Beziehungen des Staates zum Handel, z. B. Steuer- und Polizeigesetze; Handelsvölkerrecht für die Handelsbeziehungen mehrerer Staaten untereinander und unter deren Angehörigen, z. B. Konsularrecht, Prisenrecht, Zollverträge.

1. Verhältnis des Handelsrechtes zum bürgerlichen Reichsrechte: das H ist lex specialis und geht dem B vor; zu ergänzen ist das H nicht aus sich heraus, sondern aus dem B.

2. Verhältnis des H zum Landesrechte: nach Einf-H 16 bleiben unberührt die landesgesetzlichen Vorschriften über Lagerscheine und Lagerpfandscheine (so in Bremen und Elsaß-Lothringen, vgl. w. u. Seite 60); — der frühere Vorbehalt in Einf-H 17 für Scheckrecht (z. B. französisches Scheckgesetz vom 14. Juni 1865 in Elsaß-Lothringen) ist durch das Scheckgesetz vom 11. März 1908 beseitigt worden; — nach Einf-H 18 sind die landesgesetzlichen Vorschriften über den Bierlieferungsvertrag erhalten geblieben, (so in Bayern); Bierlieferungsvertrag ist ein Vertrag, durch welchen die liefernde Brauerei eine Sicherungshypothek an der Kneipe erhält.

II. Handelsgewohnheitsrecht ist der als Rechtsüberzeugung lange Zeit hindurch geübte Handelsbrauch; charakteristisch ist dafür die opinio iuris (Band 29 6).

1. **Geschäftsgebrauch** (Handelssitte oder Usance) ist die Art und Weise kleinerer oder größerer Kreise, im Handelsverkehre bei Rechtshandlungen oder Rechtsgeschäften zu verfahren. Geschäftsgebrauch ist nicht Gewohnheitsrecht, weil nicht die opinio iuris, sondern die Überzeugung der Zweckmäßigkeit dafür entscheidend ist.

2. Nach H und B besteht keine gesetzliche Bestimmung über das Gewohnheitsrecht; zuerst ist also Reichsrecht maßgebend, dann erst das

gemeine Gewohnheitsrecht. Häufig wird jedoch zur Ermittelung des Willens der Kontrahenten auf die im Handelsverkehre geltenden Gewohnheiten und Gebräuche verwiesen.

Nach **früherem** Rechte kamen in Handelssachen zuerst das Handelsgesetzbuch, sodann die Handelsgebräuche, d. i. Handelsgewohnheitsrecht, hierauf erst das gemeine bürgerliche Recht zur Anwendung.

2. Kapitel.

Der Handelsstand.

§ 4. **Die Kaufmannseigenschaft** kann auf Grund formeller oder materieller Tatsachen erworben werden.

1. **Formelle** Vorschriften ordnen an, dass die Kaufmannseigenschaft nur durch die Eintragung ins Handelsregister erlangt wird, so z. B. nach dem alten Handelsgesetzbuche.

2. **Materielle** Vorschriften ordnen an, dass die Kaufmannseigenschaft sich lediglich durch die Tatsache des Vorhandenseins einer bestimmten Betriebsform bestimmen soll.

Nach H herrscht **gemischtes** System, d. h. man unterscheidet:

1. Kaufleute **kraft Geschäftsbetriebes** (Mußkaufleute) sind nach H 1 diejenigen, die eines der neun materiellen Handelsgewerbe von H 1, Abs. 2, Nr. 1 bis 9 betreiben;

2. Kaufleute kraft **Registereintrages** sind diejenigen, die ihre Kaufmannseigenschaft erst durch eine Eintragung ins Handelsregister erlangen können, und zwar:

a) kraft erzwingbaren Registereintrages (Sollkaufleute), wenn diese Eintragung gemäß H 2 (formelle Handelsgewerbe) im Wege des Ordnungsstrafverfahrens erzwungen werden kann,

b) kraft gewillkürten Registereintrages (Kannkaufleute), wenn diese Eintragung gemäß H 3 nur auf nicht erzwingbaren Antrag des Berechtigten erfolgt.

§ 5. **Vollkaufmann und Minderkaufmann.** I. Kaufmann im Sinne des H ist, wer ein Handelsgewerbe betreibt; vorausgesetzt, daß er es selbst im eigenen Namen betreibt, oder daß andere in seinem Namen es betreiben.

Nach früherem Rechte ist Kaufmann, wer gewerbsmässig Handelsgeschäfte betreibt.

Das Wort **„wer"** in H 1 deutet darauf hin, daß nicht nur physische Personen, sondern auch Gesellschaften Kaufleute sein können.

II. **Vollkaufmann** ist jeder Muß-, Soll-, Kannkaufmann (w. u. S. 6). Auf die Vollkaufleute finden alle Bestimmungen des Handelsrechtes Anwendung.

Für die Vollkaufleute gilt das Prinzip der **Formfreiheit**, soweit nicht ausdrückliche Ausnahmen bestehen.

III. **Minderkaufleute** sind Handwerker sowie Personen, deren Gewerbebetrieb nicht über den Umfang des Kleingewerbes hinausgeht.

Früheres Recht: Minderkaufleute sind Höker, Trödler, Hausierer und dergleichen Handelsleute von geringem Gewerbebetriebe, ferner Wirte, gewöhnliche Fuhrleute, gewöhnliche Schiffer und Personen, deren Gewerbe nicht über den Umfang des Handwerksbetriebes hinausgeht.

Handwerk: Band 26 18, 21, 26. — Der **Fabrikant** wird, falls H 1 nicht anwendbar ist, gemäss H 2 eingetragen und ist dann Vollkaufmann. — Der **Handwerker** ist, auch wenn er nach H 2 eingetragen ist, niemals Vollkaufmann.

Die **Notwendigkeit** kaufmännischen Betriebes ergibt sich nicht lediglich aus dem Umfange (10000 M. Jahresumsatz), sondern aus der Methode des Betriebes: kaufmännische Oberleitung, Arbeitsteilung, Verwendung von grossen Maschinen, Reisekundschaft, Arbeiten fürs Lager und auf Vorrat, Propaganda, Wechselverkehr, Kredit (aktiv und passiv) in grossem Umfange u. ä.

1. Für die Minderkaufleute gilt das H nicht ausnahmslos.

a) sie haben kein Recht auf Handelsfirma und werden nicht ins Handelsregister eingetragen;

b) sie können nicht Prokura erteilen;

c) sie haben keine Pflicht zur Führung von Handelsbüchern, keine Pflicht zur Aufstellung von Inventur und Bilanz; — ist also ein Handwerker ins Handelsregister eingetragen worden, weil irrtümlich die Voraussetzungen von H 2 angenommen wurden, so kann er nicht nach K 239,240 wegen unterlassener Buchführung oder Bilanzziehung bestraft werden;

d) eine Vereinigung von Minderkaufleuten ist nicht eine offene Handelsgesellschaft oder eine Kommanditgesellschaft;

e) eine Herabsetzung der Vertragsstrafe ist bei Minderkaufleuten nach B zulässig (Band 2 19);

f) bei Bürgschaften haben sie nach B die Einrede der Vorausklage;

g) die Bürgschaftserklärung, das selbständige Schuldversprechen und das Schuldanerkenntnis des Minderkaufmanns muss schriftlich sein;

h) die Bestimmungen über Abzahlungsgeschäfte (Band 2 31) gelten für Minderkaufleute, nicht aber für Vollkaufleute;

i) Minderkaufleute können nicht Handelsrichter werden, haben keinen Zutritt zur Börse und sind nicht Mitglieder der Handelskammer;

k) Prozesse der Minderkaufleute gehören nicht vor die Kammer für Handelssachen (Band 8).

2. **Abgrenzung** der Minderkaufleute nach Landesrecht: die Landesregierungen sind befugt, Bestimmungen zu erlassen, welche die Grenze des Kleingewerbes näher festsetzen, und zwar:

a) auf der Grundlage der nach dem Geschäftsumfange bemessenen Steuerpflicht;

b) in Ermangelung einer solchen Besteuerung: nach anderen Merkmalen.

In **Preussen** bestehen Vorschriften hierüber nicht.

3. **Scheinkaufmann** ist ein Minderkaufmann, der irrtümlich ins Register eingetragen ist; er wird dadurch nicht Vollkaufmann. Hat ihn aber jemand als Vollkaufmann behandelt, z. B. ein mündliches Schuldversprechen als gültig angesehen, dann muß (z. B. im Zivilprozesse) der Minderkaufmann dies gegen sich gelten lassen, H 5.

Dagegen gilt dies nicht für das Strafrecht und für das öffentliche Recht. — **Gegensatz** bei Handwerker und Kleingewerbetreibenden: BörsG. 53, Abs. 1, Band 7 32.

§ 6. **Die drei Arten der Vollkaufleute** sind:

I. **Mußkaufleute:** die ein materielles Handelsgewerbe (siehe w. u. § 7) betreiben.

II. **Sollkaufleute.** Ein gewerbliches Unternehmen, das nach Art und Umfang einen kaufmännischen Geschäftsbetrieb erfordert, gilt, auch wenn die Voraussetzungen von H 1, Abs. 2 (siehe w. u. § 7) nicht vorliegen, dann als Handelsgewerbe (und zwar: formelles Handelsgewerbe), sofern die Firma des Unternehmers ins Handelsregister eingetragen ist.

Der Unternehmer ist **verpflichtet,** sich ins Handelsregister eintragen zu lassen; erst **mit der Eintragung** ist er Kaufmann. Eventuell: Zwang zur Eintragung durch Ordnungsstrafen; vgl. w. u. Seite 10.

Ob der eingetragene Sollkaufmann ein Vollkaufmann ist, entscheidet nicht die Tatsache der Eintragung, sondern die Feststellung, daß sein Unternehmen nach Art und Umfang einen kaufmännischen Betrieb **erforderlich** macht.

Beispiele für Sollkaufleute: Bauunternehmer, Güterschlächter (Hofmetzger), Ansiedelungsbureau, Immobilienmakler, Theater, Ballokal, Bautischler. Seifenfabrik, Hypothekenvermittler, Hotelier, Steinbruchsbesitzer, Auskunftsbureau; — (dagegen nicht: Heiratsvermittler).

III. **Kannkaufleute:** wenn neben dem Betriebe der Land- und Forstwirtschaft, der nicht nach H beurteilt wird, ein damit verbundenes **Nebengewerbe** betrieben wird, dann kann der Unternehmer sich für dieses Nebengewerbe eintragen lassen und so Kaufmannsqualität erhalten. Hier besteht kein Zwang zur Eintragung.

Beispiele für solche Nebengewerbe: Ziegelei, Brennerei, Molkerei, Getreidegeschäft, Obsthandel eines Rittergutsbesitzers.

§ 7. **Materielles Handelsgewerbe** ist jeder Gewerbebetrieb, der eines der im Folgenden aufgezählten neun Geschäfte zum Gegenstande hat.

Abgrenzung innerhalb der neun Handelsgewerbe.

1. Sämtliche neun Handelsgewerbe müssen im **Grossbetriebe** betrieben werden; liegt Kleingewerbe vor, dann sind die Unternehmer Minderkaufleute (w. o. § 5, III, 2).

2. Bei Lieferungsübernahme (Nr. II) und Druckerei (Nr. IX) muss der Betrieb über den Umfang (richtiger: die Art) des Handwerkes hinausgehen; sonst sind die Unternehmer Minderkaufleute.

1. **Spekulationsanschaffung und Spekulationsveräußerung,** d. i. die Anschaffung und Weiterveräußerung von beweglichen Sachen (Waren) oder Wertpapieren, ohne Unterschied, ob die Waren unverändert oder nach einer Bearbeitung oder Verarbeitung (zB. Kafferösten) weiter veräußert werden.

Die Spekulation geht:

a) **à la hausse** beim Spekulationsankauf (implicatura), weil man Ware hinlegt in der Hoffnung, der Preis werde steigen (zB. Josef in Ägypten);

b) **à la baisse** bei der Spekulationsveräusserung (explicatura), weil man Waren verkauft, die man noch nicht hat, aber billiger zu bekommen (Deckungskauf) hofft, als man sie verkauft hat.

Preis: Gesetze der Preisbildung siehe Band 25 28.

II. **Lieferungsübernahme**, d. i. die Übernahme der Bearbeitung oder Verarbeitung von Waren für andere, sofern der Betrieb über den Umfang des Handwerkes hinausgeht (also: Fabrikanten, Industrielle).

Beispiele: Färberei, Spinnerei, Imprägnieranstalt, Grossbuchbinderei, Grosskonfektion (Kluftenhändler, Stapelware), Konditorei, Geschützfabrik, Giesserei, Maschinenfabrik.

III. **Übernahme von Versicherungen gegen Prämie.** — Das Versicherungsrecht, d. h. das Recht des Versicherungsvertrages, ist reichsrechtlich durch das Gesetz vom 30. Mai 1908 (in Kraft seit dem 1. Januar 1910) geordnet; Seeversicherung siehe Band 7 25.

Versicherer ist die Gesellschaft, welche das Risiko übernimmt; — **Versicherungsnehmer** ist der Kontrahent, welcher mit dem Versicherer abschließt; — **Versicherter** ist derjenige, in dessen Person das Risiko eintritt; — **Bezugsberechtigter** ist derjenige, an den Leistungen aus dem Schadensfalle fließen sollen.

Zur Beaufsichtigung der Privatversicherungen besteht das Kaiserliche **Aufsichtsamt** für Privatversicherung in Berlin (§ 70 des Gesetzes über die privaten Versicherungsunternehmungen vom 12. Mai 1901) seit dem 1. Juli 1901; an der Spitze ein Präsident. Das Amt ist dem Staatssekretär des Innern (Band **12** 3) unterstellt.

Nicht hierher gehört die **Zwangsversicherung** nach Reichsrecht (Invaliden-, Alters-, Unfall-, Krankenversicherung); vgl. Band **26** 31.

1. **Arten** der Privatversicherung:

a) **Personenversicherung,** und zwar: Lebensversicherung (Erlebens- und Ablebensversicherung), Unfall-, Kranken-, Invaliden-, Haftpflicht-, Renten-, Aussteuer-, Militärdienstversicherung.

b) **Schadensversicherung,** und zwar: Feuer-, Transport- (See- und Binnen-), Hagel-, Vieh-, Glas-, Wasserleitungs-, Diebstahl-, Einbruchs-, Sturmschäden-, Kursverlustversicherung.

c) **Rückversicherung,** d. h. der Versicherer versichert seine Risiken anderwärts.

2. Der **Betrieb** des Versicherungsgewerbes kann durch einen einzelnen, eine Gesellschaft, einen Verein oder eine öffentliche Anstalt geschehen. Jedoch gelten folgende Einschränkungen:

a) Jede Privatunternehmung, die den Betrieb von Versicherungsgeschäften zum Gegenstande hat, unterliegt der **Staatsaufsicht** und damit grundsätzlich der Pflicht, sich konzessionieren zu lassen.

b) Gewisse Betriebe, nämlich Lebensversicherung (in allen Arten, z. B. auch Invaliditäts-, Alters-, Witwen-, Waisen-, Aussteuer-, Militärdienstversicherung, und zwar gleichviel, ob auf Kapital oder Renten), Unfall-, Haftpflicht-, Feuer- oder Hagelversicherung dürfen **nur** von Aktiengesellschaften oder von Gegenseitigkeitsvereinen betrieben werden.

c) Personenvereinigungen, die **auf Gegenseitigkeit** versichern wollen, dürfen **nur** als Gegenseitigkeitsvereine konzessioniert werden.

3. Organisation der **Versicherungsvereine auf Gegenseitigkeit:** die Rechtsfähigkeit wird dadurch erlangt, daß die Aufsichtsbehörde die Erlaubnis zum Geschäftsbetriebe erteilt.

a) **Arten** der Gegenseitigkeitsvereine sind:

α) **reine**, d. h. solche, die nur ihre Mitglieder auf Gegenseitigkeit versichern;

β) **gemischte**, d. h. solche, die neben der Tätigkeit eines reinen Gegenseitigkeitsvereins noch andere Geschäfte (Prämienversicherung, Bank) betreiben;

γ) **kleine**, d. h. solche, die bestimmungsgemäß einen sachlich, örtlich oder hinsichtlich des Personenkreises engbegrenzten Wirkungskreis haben (sie unterliegen nicht dem Eintragungszwang, dürfen aber nicht gemischt sein).

Beispiele: Schiffsversicherungsvereine für Küstenfahrer, Pensionskassen, Weinbergsversicherung gegen Reblausgefahr, Kuhgilden, Totenladen, Viehversicherung in kleinen Kreisen, Windmühlenversicherung.

b) **Verfassung** des reinen Gegenseitigkeitsvereins:

α) Er ist **nicht Kaufmann**, aber das erste und dritte Buch des H (mit Ausnahme von H 1—7) finden auf ihn Anwendung;

β) die **Satzung** muß gerichtlich oder notariell beurkundet (Band 1 22) sein;

γ) für alle Verbindlichkeiten des Vereins **haftet** den Vereinsgläubigern nur das Vereinsvermögen; eine Haftung der Mitglieder gegenüber den Gläubigern des Vereins findet nicht statt;

δ) **Organe** sind Vorstand, Aufsichtsrat und oberstes Organ (Mitglieder- oder Vertreterversammlung);

ε) Der Verein ist von sämtlichen Mitgliedern des Vorstandes und des Aufsichtsrates zur Eintragung ins **Handelsregister** anzumelden.

IV. Bankier- und Geldwechslergeschäfte.

Bankier ist ein einzelner, **Bank** ist eine Gesellschaft oder eine juristische Person, die Bankgeschäfte (Band **27** 15) betreibt. — **Geldwechsler** (römisch: nummularius, im Gegensatze zu argentarius) ist, wer Geld in- oder ausländischer Währung in anderes umlaufendes Geld einwechselt: heute fast stets ein Zweig des Bankgeschäftes. — **Geld:** Band **25** 23. **Staatsbanken:** Band **27** 15.

Man unterscheidet aktive und passive Kreditgeschäfte der Bank.

1. **Aktive Kreditgeschäfte** der Bank sind Geschäfte, bei welchen die Bank Kredit gewährt, nämlich:

a) das **Diskontgeschäft** (vgl. Band **7** 8), bei welchem die Bank ein noch nicht fälliges Papier, zB. einen Wechsel, erwirbt, jedoch vom Nominalbetrage den Diskont (d. h. Zwischenzinsen, nach der Carpzow'schen Methode, Band **10** 29) abzieht. — Der Bankdiskont richtet sich nach dem Geldstande; bei Knappheit zieht er an.

b) Das **Lombardgeschäft** besteht in der Gewährung eines Darlehns seitens der Bank gegen Hinterlegung von Wertpapieren, Edelmetallen oder börsengängigen Waren. Vgl. w. u. Seite 32.

c) Das **Girogeschäft**, bei welchem einem Kunden ein Girokonto eröffnet wird und Zahlungen **an ihn** durch Zuschreibung, Zahlungen **von ihm** durch Abschreibung auf diesem Konto bewirkt werden.

d) Das **Emissionsgeschäft**, bei welchem die Bank eine Massenanleihe ausgibt. — **Konversion** ist die (durch eine Bank vermittelte) Umwandlung einer Anleihe in eine solche mit anderem (geringerem) Zinsfusse.

e) Die Hypothekengeschäfte, Beleihungen, Gründungen unter Verwendung der Kapitalkraft der Bank.

2. **Passive Kreditgeschäfte** der Bank sind Geschäfte, bei welchen die Bank Kredit in Anspruch nimmt, nämlich:

a) das **Depositengeschäft**, vgl. Band 7 27,

b) die **Aufnahme von Anleihen**, d. h. die Bank nimmt in bestimmten Formen ein Massendarlehn auf und gibt dafür Wertpapiere (Obligationen) aus, deren Umlaufsfähigkeit und Gangbarkeit vom Kredite, den die Bank geniesst, abhängt;

c) die **Ausgabe von Banknoten**; das Notenprivileg steht jedoch nur bestimmten Banken zu, vgl. Band 7 3;

d) andere Kreditgeschäfte, unter Anspannung des Kredites eines Bankfremden.

V. **Die Übernahme der Beförderung** von Gütern oder Reisenden zur See, die Geschäfte der Frachtführer oder der zur Beförderung von Personen zu Lande oder auf Binnengewässern bestimmten Anstalten, sowie die Geschäfte der Schleppschiffahrtsunternehmer (w. u. Seite 60).

VI. Die Geschäfte der **Kommissionäre**, Spediteure oder Lagerhalter (w. u. Seite 56).

VII. Die Geschäfte der **Handlungsagenten** oder der Handelsmäkler (w. u. Seite 20).

VIII. Die **Verlagsgeschäfte** sowie die sonstigen Geschäfte des Buch- oder Kunsthandels (vgl. Band 28 7).

Sortiment ist der Vertrieb neuer Bücher, die ein Verleger dem Sortimentsbuchhändler (bar oder à condition) liefert, an die Kunden.

Antiquariat ist der Vertrieb gebrauchter Bücher, — insbesondere: Modernantiquariat (d. h. Vertrieb fast neuer Bücher, zwecks Umgehung des Ladenpreises).

Verleger ist, wer ein Werk der Literatur oder der Tonkunst zu vervielfältigen und zu verbreiten übernimmt.

a) Nach dem **Gegenstande** unterscheidet man: Buch-, Zeitungs- Zeitschriftenverlag.

b) Nach dem **Risiko**: Selbstverlag (der Autor trägt die Kosten selbst und vertreibt das Werk selbst), Kommissionsverlag (der Autor zahlt die Kosten, gibt aber dem Verleger das Werk gegen eine prozentuale Gebühr für den Vertrieb und hat den Gewinn ganz oder teilweise), eigentlicher Verlag (der Verleger trägt alle Kosten und zahlt dem Autor eventuell ein Honorar).

IX. Die Geschäfte der **Druckereien**, sofern ihr Betrieb über den Umfang des Handwerkes hinausgeht.

Arten der Druckereien: **1.** Akzidenzdruckerei (Visitenkarten, Prospekte, Programme usw.); **2.** Werkdruckerei (Bücher, Broschüren, Zeitschriften); **3.** Zeitungsdruckerei.

§ 8. Die Stellung der Frau im H.

§ 8. Die Stellung der Frau im H. Das Geschlecht begründet keinen Unterschied. Die **Handelsfrau** (uxor mercatrix), gleichviel ob sie verheiratet ist oder nicht, ist Kaufmann, wenn sie ein Handelsgewerbe betreibt.

Die Ehefrau eines Kaufmannes **(uxor mercatoris)** ist nicht Kaufmann, auch wenn sie im Geschäfte mithilft.

I. Die Frau ist vom Börsenbesuche, vom Handelsrichter- und Kaufmannsrichteramte ausgeschlossen, kann auch nicht zum Kaufmannsgerichte wählen (Band 8 . .).

II. **Stellung des Ehemannes.** Nach altem Rechte war die Frau nur dann Handelsfrau, wenn der Mann in den Betrieb des Handelsgeschäftes einwilligte; **nach** H ist die Frau sogar dann Kaufmann, wenn ihr Mann dem Betriebe eines Handelsgewerbes widerspricht.

Die **Einwilligung des Mannes** kann ausdrücklich oder stillschweigend erteilt werden; Einspruch und Widerruf seitens des Mannes wirken gegen Dritte nur bei Kenntnis oder bei Eintragung ins Güterrechtsregister (Band 4 13).

III. **Güterrechtliche Folgen.** Betreibt die Frau das Handelsgewerbe:

1. **mit Einwilligung** des Mannes, dann haftet für die Geschäftsschulden:

a) bei Verwaltungsgemeinschaft (Band 4 14) das Eingebrachte,

b) bei allgemeiner Gütergemeinschaft (Band 4 17) das Gesamtgut, auch bzgl. dinglicher Verfügungen der Frau;

2. **eigenmächtig**, dann haftet nur ihr Vorbehaltsgut;

3. bei Gütertrennung (Band 4 16) ist die Einwilligung des Mannes ohne güterrechtliche Bedeutung.

Wegen der Vollstreckungstitel siehe Band **10** 7.

§ 9. **Das Handelsregister** wird vom Gerichte geführt; es ist unbeschränkt öffentlich.

I. Wer Anmeldungen beim Handelsregister vorzunehmen verpflichtet ist, kann hierzu durch Ordnungsstrafen angehalten werden; die einzelne Strafe darf den Betrag von 300 M. nicht übersteigen.

II. Der **Inhalt** des Handelsregisters gilt nach der Bekanntmachung als bekannt; ausgenommen, daß der Dritte die Eintragung nicht kannte oder kennen mußte.

In **Preussen** bestehen nach der Allgemeinen Verfügung vom 7. November 1899 zwei Abteilungen des Handelsregisters:

1. **Abteilung A** für die Firmen der Einzelkaufleute, die offenen Handelsgesellschaften und die Kommanditgesellschaften;

2. **Abteilung B** für die Aktiengesellschaften, die Kommanditgesellschaften auf Aktien, die Gesellschaften mit beschränkter Haftung, die Gegenseitigkeitsvereine (vgl. oben S. 7), ferner die in H 33 und 36 bezeichneten juristischen Personen (zB. wirtschaftliche Vereine, Gewerkschaften, Kolonialgesellschaften, Eisenbahnen, Strassenbahnen, staatliche Banken).

III. **Von Amtswegen** werden ins Handelsregister eingetragen: die Eröffnung, Aufhebung, Einstellung des Konkurses über das Vermögen eines Eingetragenen; vgl. Band 10 31.

§ 10. **Die Handelsfirma.** — I. Die Firma eines Kaufmannes ist der **Name, unter dem er im Handel seine Geschäfte betreibt und die Unterschrift abgibt**; er kann unter seiner Firma klagen und verklagt werden.

II. Die **Grundsätze** des Firmenrechtes sind teils handelsrechtlich, teils gewerbepolizeilich.

1. Nach **Handelsrecht** bestehen:

a) Grundsatz der **Firmenwahrheit**: der Kaufmann hat bei der Neubegründung eines Geschäftes die über die Firma von Einzelkaufleuten oder Gesellschaften bestehenden Vorschriften (H 18—20) zu befolgen.

b) Grundsatz der **Firmenklarheit**: die Firma darf Zusätze enthalten, die zur Unterscheidung der Person oder des Geschäftes dienen; dagegen ist alles zu vermeiden, was eine Täuschung über Art und Umfang des Geschäftes oder die Verhältnisse des Geschäftsinhabers herbeiführen könnte.

c) Grundsatz der **Firmeneinheit**: der Kaufmann darf sein Geschäft nur unter einer Firma betreiben; — er kann wohl Inhaber mehrerer Geschäfte (mit verschiedener Firma) sein, darf aber für ein einziges Geschäft nicht mehrere Firmen führen.

2. Nach **Gewerberecht** (Einf-H 9; Gw 15a); vgl. Band 28 23.

a) Kaufleute, die eine Handelsfirma führen, sind verpflichtet, ihren Familiennamen mit mindestens einem ausgeschriebenen Vornamen an der Außenseite oder am Eingange des Ladens in deutlich lesbarer Schrift anzubringen.

Sind Name und Firma nicht identisch, so ist ausserdem die Firma ebenso anzubringen.

b) Bei offenen Handelsgesellschaften, Kommanditgesellschaften und Kommanditgesellschaften auf Aktien gilt das gleiche bezüglich der persönlich haftenden Gesellschafter; sind deren mehr als zwei, so genügen zwei mit dem Zusatze, daß noch mehr vorhanden sind. Die Polizeibehörde kann aber im konkreten Falle (also durch Verfügung, nicht generell durch Verordnung: Band 12 29) die Angabe aller Namen anordnen.

Abweichungen sind statthaft:

a) für Firmen, die bereits am 1. Januar 1900 bestanden haben;

b) beim Erwerbe oder bei der Übernahme eines bestehenden Geschäftes;

c) bei der Aufnahme oder beim Ausscheiden eines Gesellschafters;

d) bei der Namensänderung des gegenwärtigen Inhabers.

III. **Die Firmierung im einzelnen.**

1. Der **Einzelkaufmann**, d. h. ein Kaufmann, der sein Geschäft ohne Gesellschafter oder nur mit einem stillen Gesellschafter betreibt, hat seinen Familiennamen mit mindestens einem ausgeschriebenen Vornamen als Firma zu führen.

Der Firma darf kein Zusatz beigefügt werden, der ein Gesellschaftsverhältnis andeutet oder sonst zur Herbeiführung einer Täuschung geeignet ist. — Phantasiezusätze sind nach KG (bei Johow 20 A 267) statthaft.

2. Die ursprüngliche Firma einer **offenen Handelsgesellschaft** enthält entweder die Namen aller Gesellschafter oder wenigstens den Namen eines Gesellschafters nebst einem Zusatze wegen des Gesellschaftsverhältnisses.

Dies gilt aber **nicht** für offene Handelsgesellschaften, die bereits vor dem 1. Januar 1900 eingetragen waren.

Beispiele für offene Handelsgesellschaften:

a) **vor** dem 1. Januar 1900: Max Tischler, oder Paul Mehrlein's Wwe.;

b) **nach** dem 1. Januar 1900: Max und Martin Tischler, oder Jung & Co. (Vornamen nicht nötig), oder Josef Paschka und Bruder.

3. Die Firma einer **Kommanditgesellschaft** enthält wenigstens den Namen eines Komplementärs mit einem das Vorhandensein einer Gesellschaft andeutenden Zusatze.

Auch hier ist die Beifügung eines Vornamens nicht erforderlich; der Zusatz braucht nur **ein** Gesellschaftsverhältnis, nicht gerade das der Kommanditgesellschaft, anzudeuten. — **Ausnahmen** für Kommanditgesellschaften vor 1900.

Der Kommanditist darf in der Firma der Kommanditgesellschaft nicht genannt sein; vgl. w. u. Seite 28.

4. Die Firma einer **Aktiengesellschaft** ist in der Regel Sachfirma, d. h. sie ist dem Gegenstande des von ihr betriebenen Unternehmens zu entnehmen; ferner ist der unverkürzte Zusatz: „Aktiengesellschaft" zu machen.

Die Firma darf dann eine **Personenfirma** (mit dem Zusatze: Aktiengesellschaft) sein, wenn im Falle der Umwandelung einer Firma in eine Aktiengesellschaft ein berechtigtes Interesse daran besteht, jenen Personennamen weiterzubehalten.

Aktiengesellschaften, die **vor** dem 1. Januar 1900 bereits bestanden, müssen nur dann den Zusatz Aktiengesellschaft haben, wenn die Firma aus Personennamen besteht und nicht ersehen lässt, dass eine Aktiengesellschaft Inhaber ist. — Bei Sachfirmen ist also der Zusatz nicht erforderl.ch, zB. Deutsche Bank.

5. Die Firma einer **Kommanditgesellschaft auf Aktien:** ebenso wie zu 4; gemäß H 20: voller Zusatz.

§ 11. **Die Nachfolge in eine bestehende Firma.** — I. Beim **Erwerbe** eines bestehenden Handelsgeschäftes unter Lebenden oder von Todes wegen ist die Fortführung der bisherigen Firma nur zulässig, wenn der bisherige Geschäftsinhaber oder seine Erben ausdrücklich einwilligen.

Das Nachfolgeverhältnis kann angedeutet werden. zB. „Nachfolger" oder „Erben" oder „vormals".

Dasselbe gilt bei Niessbrauch oder Pacht eines Geschäftes.

Die Firma kann **nicht ohne** das Handelsgeschäft veräußert werden.

II. **Veränderungen** in der Persönlichkeit des oder der Unternehmer. Die Firma kann unverändert bleiben, wenn:

1. jemand in das bestehende Handelsgeschäft eines bisherigen Einzelkaufmanns als Gesellschafter aufgenommen wird,

2. ein neuer Gesellschafter in eine Handelsgesellschaft eintritt,

3. ein Gesellschafter aus einer Handelsgesellschaft ausscheidet; jedoch Ausnahme: scheidet ein Gesellschafter aus, dessen Name in der Firma enthalten ist, dann bedarf es zur Fortführung der Firma der ausdrücklichen Einwilligung des Gesellschafters oder seiner Erben.

III. Der **Übergang** von Forderungen und Verbindlichkeiten.

1. Beim Einzelkaufmanne, H 25—27.

a) Wer ein **unter Lebenden** erworbenes Handelsgeschäft unter der bisherigen Firma (mit oder ohne Zusatz wie „Nachf." usw.) fortführt,

haftet für alle im Geschäftsbetriebe begründeten Verbindlichkeiten des früheren Inhabers.

Der **Ausschluss** der Haftung durch eine entgegenstehende Vereinbarung ist gegenüber Dritten nur bei Registereintrag oder bei Kenntnis des Dritten wirksam.

b) Erwerb unter Lebenden **ohne** Fortführung der bisherigen Firma: grundsätzlich **keine** Haftung des Erwerbers.

Ausnahme: der Erwerber haftet, wenn ein besonderer Verpflichtungsgrund vorliegt, zB. Vermögensübernahme, Bürgschaft, Schuldübernahme unter handelsüblicher Bekanntmachung (zB. durch Zirkular, durch Aushang an der Börse).

c) **Verjährung** der Klage gegen den Vorgänger in fünf Jahren, falls nicht nach allgemeinen Grundsätzen (Band 1 . .) eine kürzere Verjährung eintritt.

Der Übergang der **Forderungen** auf den Erwerber findet statt:

α) durch Abtretung;

β) von selbst dann, wenn der Erwerber die Firma rechtmässig (d. h. unter Einwilligung des Vorgängers oder seiner Erben) fortführt; eine Abweichung ist (auch ohne Eintragung oder Kenntnis) für das Rechtsverhältnis des Erwerbers zum Veräusserer wirksam.

d) Sondervorschrift im Falle des **Erbganges:**

α) grundsätzlich hier: ebenso wie unter Lebenden,

β) Möglichkeit einer **Haftungsbeschränkung:** die unbeschränkte Haftung nach H 25 tritt dann nicht ein, wenn die Fortführung des Geschäftes vor dem Ablaufe von drei Monaten nach dem Zeitpunkte, in dem der Erbe vom Anfalle Kenntnis erlangt hat, eingestellt wird.

Ist bei Ablauf dieser Frist das Recht zur Ausschlagung der Erbschaft (Band 5 6) noch nicht verloren, dann gilt diese Ausschlagungsfrist.

2. Bei **Gesellschaften,** H 28.

a) Tritt jemand als persönlich haftender Gesellschafter oder als Kommanditist in das Geschäft eines Einzelkaufmannes ein, so gilt ohne Rücksicht darauf, ob die Firma fortgeführt wird oder nicht:

α) die Gesellschaft **haftet** für alle im Betriebe des Geschäftes entstandenen Verbindlichkeiten des früheren Inhabers;

β) die Forderungen gelten (den Schuldnern gegenüber) als auf die Gesellschaft übergegangen.

b) Abweichungen gelten Dritten gegenüber nur bei Eintragung oder bei Kenntnis.

§ 12. Die gesetzlichen Ordnungspflichten des Kaufmannes. — I. Jeder Kaufmann hat folgende Pflichten:

1. ordnungsmäßig **Buch zu führen,** so daß daraus seine Handelsgeschäfte und die Lage seines Vermögens ersichtlich sind; also nicht etwa gerade die einfache oder die doppelte Buchführung, sondern eine sorgfältige und übersichtliche Buchung, aber nicht auf losen Blättern. Die Buchführung hat in einer lebenden Sprache und in deren Schriftzeichen zu geschehen. Die Aufbewahrung hat zehn Jahre lang zu erfolgen.

Die **Bücher** des Kaufmannes sind: Kassa- und Hauptbuch. In die **Kasse** (d. h. Kassabuch) trägt er alle baren Eingänge und Ausgänge ein, und zwar: auf das linke Folium (Debet oder Soll) die Einnahmen (zB.: An Zahlung Schultze 100 M.); auf das rechte Folium (Kredit oder Haben) die Ausgaben (zB.: Per Gehalt für Müller 200 M.).

Das **Hauptbuch** enthält lebende und tote Konti, aus denen eine Übersicht über den Vermögensstand des Kaufmanns gewonnen werden kann. Eventuell werden zur Entlastung des Hauptbuches besondere Debitorenbücher und Kreditorenbücher (Kontokurrent) angelegt.

Das Prinzip der doppelten Buchführung beruht auf der zweifachen Buchung eines jeden Postens, so dass die bilanziierten Endsummen beider Seiten gleich sein müssen.

2. Zurückbehaltung von **Abschriften** der abgeschickten Handelsbriefe (zB. Kopierbuch oder Klatschkopieen in losen Blättern oder Durchschläge mit der Schreibmaschine) und Aufbewahrung der empfangenen Handelsbriefe, beides zehn Jahre lang.

3. Bei Beginn des Handelsgewerbes: Aufstellung einer **Eröffnungsbilanz**.

4. **Jedes** Geschäftsjahr: Aufstellung eines Inventars und einer Bilanz. Das Geschäftsjahr darf nicht länger als zwölf Monate dauern.

Ist nach der Beschaffenheit des Geschäftes die jährliche genaue Inventur allzu umständlich, dann kann die Inventur alle zwei Jahre gemacht werden; die **Bilanz** muss aber trotzdem **jedes Jahr** angefertigt werden. Da dies ohne vorherige, wenn auch nicht ganz eingehende Inventur vollkommen unmöglich ist, so wird der Bilanz eine Buchinventur zugrunde gelegt, die sich eng an die Inventur des Vorjahres anschliesst und nur die buchmässigen Veränderungen berücksichtigt.

II. Die **Nichtbeachtung** dieser Pflichten wird nur im Falle eines Bankerutts bestraft, vgl. Band 10 34 und w. o. Seite 10.

Vorlegung der Handelsbücher:

1. Im Laufe eines Prozesses kann das Gericht, und zwar auf Antrag oder ex officio, die Vorlegung der Handelsbücher einer Partei anordnen; demnach also selbst dann, wenn es nicht gemeinschaftliche Urkunden sind. Vgl. Band 2 47, 9 39.

2. Umfang der Prüfung:

a) im allgemeinen ist vom Inhalte der Bücher unter Zuziehung der Parteien **nur insoweit** Kenntnis zu nehmen, als er den Streitpunkt betrifft; der übrige Inhalt ist nur dem Gerichte so weit offen zu legen, als es zur Prüfung der ordnungsmässigen Führung notwendig ist;

b) Vorlegung zur Kenntnisnahme des **ganzen** Inhaltes kann das Gericht anordnen: bei Vermögensauseinandersetzungen, insbesondere in Erbschafts-, Gütergemeinschafts- und Gesellschaftsteilungssachen.

§ 13. **Prokura** ist die weitestgehende Vollmacht des Handelsrechtes; sie kann nur vom Kaufmanne oder seinem gesetzlichen Vertreter durch ausdrückliche Erklärung erteilt werden.

Gleichwohl ist der Prokurist **nicht** Kaufmann; zB. die Ehefrau, die Prokura erhält, um zeichnen zu können, oder der Kommis, dem Prokura gegeben wird, sind nicht Kaufleute.

I. Die Prokura ist jederzeit **widerruflich**, dagegen erlischt sie nicht durch den Tod des Kaufmannes. Im Konkurse: siehe Band 10 27

Die Prokura wird ins Handelsregister eingetragen.

II. Der Prokurist ist **berechtigt**, alle gerichtlichen und außergerichtlichen Geschäfte und Rechtshandlungen, die der Betrieb eines Handelsgewerbes mit sich bringt, vorzunehmen; er zeichnet die Firma unter Beifügung seines Namens und des Zusatzes ppa. (d. h. per procura).

III. **Nicht ermächtigt** ist der Prokurist:

1. Grundstücke zu veräußern oder zu belasten (wohl aber: zu erwerben);
2. den Betrieb des Handelsgeschäftes einzustellen oder es zu verkaufen;
3. die Prokura zu übertragen oder andere Prokuristen zu bestellen; dagegen ist der Prokurist befugt, einen Handlungsbevollmächtigten zu bestellen.

IV. Eine **Beschränkung** des Umfanges der Prokura über die angegebenen Beschränkungen hinaus ist gegenüber Dritten unwirksam; wohl aber kann die Prokura nach innen hin, also im Verhältnisse des Kaufmannes zum Prokuristen, wirksam beschränkt werden.

Ausnahme: zulässig ist die Beschränkung der Prokura auf eine von mehreren Niederlassungen, wenn sie nicht dieselbe Firmenbezeichnung hat (Filialprokura oder Etablissementsprokura).

V. Arten der Prokura sind: 1. Einzelprokura und 2. Gesamtprokura (Kollektivprokura), wenn mehreren derart Prokura erteilt wird, daß der einzelne Kollektivprokurist nur in Gemeinschaft mit einem anderen zeichnen darf.

§ 14. Die Handlungsvollmacht. — I. Handlungsbevollmächtigter ist, wer, ohne Prokurist zu sein, ermächtigt ist:

1. zum Betriebe eines Handelsgewerbes (**Betriebsvollmacht**);
2. zur Vornahme einer bestimmten zum Handelsgewerbe gehörigen Art von Geschäften (**Artvollmacht**), zB. der Einkäufer;
3. zur Vornahme einzelner zum Handelsgewerbe gehöriger Geschäfte (**Spezialvollmacht**).

Gegensätze der kaufmännischen Bevollmächtigten:

Prokura:	Handlungsvollmacht:
1. wird ins Register eingetragen;	1. wird nicht ins Register eingetragen;
2. kann nach aussen nicht wirksam beschränkt werden;	2. kann nach aussen beliebig beschränkt werden;
3. geht auf Vornahme aller Geschäfte, die der Betrieb eines (d. h. irgendeines) Handelsgewerbes mit sich bringt;	3. nur innerhalb dieses bestimmten Handelsgewerbes;
4. zeichnet ppa.	4. zeichnet i. V. (d. h. in Vollmacht).

II. Der Handlungsbevollmächtigte ist **nicht befugt**:

1. Grundstücke zu veräußern und zu belasten;
2. Wechselverbindlichkeiten einzugehen;
3. Darlehen aufzunehmen;

4. Prozesse zu führen;

5. die Vollmacht ohne Zustimmung des Kaufmannes zu übertragen;

6. den Betrieb einzustellen oder das Geschäft zu veräußern.

III. **Geschäftsreisende** sind Stadtreisende und Handlungsreisende.

1. **Stadtreisende** sind Handlungsgehilfen, vgl. w. u. § 15.

2. **Handlungsreisende** im Sinne des H sind Handlungsbevollmächtigte, die **außerhalb** der Geschäftsniederlassung des Kaufmannes Geschäfte für den Kaufmann vornehmen (vgl. Band 28 § 34). Die Ermächtigung der Handlungsreisenden umfaßt kraft Gesetzes:

a) die Einziehung des Kaufpreises aus den von ihnen abgeschlossenen Kaufverträgen (Inkassomandat);

b) die Bewilligung von Zahlungsfristen bei den von ihnen abgeschlossenen Verkäufen;

c) die Entgegennahme von Mängelrügen, Zurverfügungstellungen und ähnlichen Erklärungen.

IV. **Rechtsvermutung des H 56:** wer in einem Laden oder in einem offenen Warenlager angestellt ist, gilt als ermächtigt zu Verkäufen und Empfangnahmen, die in einem derartigen Laden oder Warenlager gewöhnlich geschehen, so zB. ein Lehrling.

§ 15. **Handlungsgehilfe** ist, wer im Handelsgewerbe zur Leistung kaufmännischer Dienste gegen Entgelt angestellt ist, zB. Verkäufer, Buchhalter, Expedient.

Handlungsgehilfe ist **nicht:**

a) das **technische** Personal, zB. Nahrungsmittelchemiker, Webetechniker;

b) das **niedere** Personal, zB. Hausdiener, Scheuerfrau, Packer, Markthelfer;

c) die **bloss als Vertreter** bestellte Person, der nur die Vertretereigenschaft zukommt, zB. der Prokurist, der Direktor einer Aktiengesellschaft; — jedoch sind solche Vertreter meist zugleich Handlungsgehilfen.

I. **Umfang der Rechte und Pflichten:** wenn besondere Vereinbarungen über Dienste und Vergütungen **nicht** getroffen sind, dann bestimmt sich Art und Umfang der Dienstleistungen sowie die Vergütung nach den Ortsgebräuchen; lassen sich solche nicht feststellen, dann gelten die den Umständen nach angemessenen Leistungen als vereinbart.

1. Die **Dienste** bestimmen sich regelmäßig nach dem Engagement als Verkäufer, Disponent, Korrespondent u. ä.

2. **Gehalt** wird gewöhnlich in fester Summe vereinbart.

3. **Commis interessé** ist ein Handlungsgehilfe, der an Stelle von oder neben Gehalt eine Tantieme (Teil des Reingewinnes) erhält; er kann Vorlegung der Bilanz und ev. der Bücher verlangen, bleibt aber im übrigen Handlungsgehilfe, H 65.

II. **Das Konkurrenzverbot.**

1. **Inhalt:** ohne die Einwilligung des Kaufmannes darf der Handlungsgehilfe weder ein Handelsgewerbe betreiben, noch im Handelszweige des Kaufmannes für seine oder fremde Rechnung Geschäfte machen.

Dagegen gilt die **Einwilligung** zum Betriebe eines Handelsgewerbes als erteilt, wenn dem Prinzipale bei der Anstellung des Handlungsgehilfen bekannt ist, dass er das Gewerbe betreibt, und wenn er dann die Aufgabe des Betriebes nicht ausdrücklich vereinbart.

2. **Verletzt** der Handlungsgehilfe das Konkurrenzverbot, dann hat der Prinzipal ein dreifaches Wahlrecht:

a) er kann Schadensersatz verlangen;

b) er kann verlangen, daß der Handlungsgehilfe die Geschäfte, die er für seine eigene Rechnung gemacht hat, als für Rechnung des Prinzipals eingegangen gelten lasse;

c) er kann verlangen, daß der Handlungsgehilfe die Vergütung, die er aus jenem Geschäfte für fremde Rechnung bezogen hat, an den Prinzipal herausgibt, oder aber, daß er dem Prinzipal diese Ansprüche auf die Vergütung abtritt.

Verjährung: diese Ansprüche verjähren in einem Zeitraume von drei Monaten, und zwar von dem Zeitpunkte an, in dem der Prinzipal Kenntnis von dem Abschlusse des Geschäftes erhält; ohne Rücksicht auf die Kenntnis verjähren diese Ansprüche in fünf Jahren.

Gegensatz: Konkurrenzklausel ist eine Vertragsbestimmung (siehe w. u. VII) mit Wirkung für die Zeit nach der Beendigung des Dienstverhältnisses.

III **Soziale Pflichten** des Prinzipals.

1. **Allgemein:** der Prinzipal ist verpflichtet, seine Geschäftsräume sowie die für den Geschäftsbetrieb bestimmten Vorrichtungen und Gerätschaften so einzurichten und zu unterhalten, daß der Handlungsgehilfe nicht Schaden an seiner Gesundheit erleide, insbesondere soll die Arbeitszeit entsprechend geregelt sein.

2. Hausgemeinschaft: hat der Prinzipal den Gehilfen in die häusliche Gemeinschaft aufgenommen (**freie Station**), dann muß er Wohn- und Schlafräume, Verpflegung und Arbeits- und Erholungszeit entsprechend einrichten.

IV. **Nichtverschuldete Unmöglichkeit der Dienstleistung:** wenn der Handlungsgehilfe infolge eines Grundes, an dem ihn kein Verschulden trifft, an der Leistung seiner Dienste behindert ist, dann bleibt ihm ein Anspruch auf Gehalt und Unterhalt, aber nicht über die Dauer von sechs Wochen hinaus.

Insbesondere ist der Handlungsgehilfe **nicht** verpflichtet, sich denjenigen Betrag anrechnen zu lassen, der ihm für die Zeit, innerhalb deren er behindert ist, aus der Kasse einer Kranken- oder Unfallversicherung zukommt. Wenn der Prinzipal mit dem Handlungsgehilfen etwas Entgegengesetztes vereinbart, so ist diese Vereinbarung nichtig, H 63, Abs. 2.

V. Das **Gehalt** ist dem Handlungsgehilfen spätestens am Schlusse des Monats zu zahlen; wird vereinbart, daß das Gehalt später gezahlt werden soll, so ist diese Vereinbarung nichtig.

VI. Beendigung des Dienstverhältnisses erfolgt durch Zeitablauf oder durch Kündigung.

1. **Gesetzliche** Kündigungsfrist: jeder Teil kann für den Schluß eines Kalendervierteljahres unter Einhaltung einer Kündigungsfrist von sechs Wochen kündigen.

2. **Vertragliche** Kündigungsfrist kann länger oder kürzer sein; aber sie muß: **a)** für beide Teile **gleich** sein, **b)** mindestens einen Monat betragen, **c)** nur für den **Schluß** eines **Kalendermonats** erfolgen.

Ausnahmen hiervon gelten:

α) bei Handlungsgehilfen mit mindestens 5000 M. Jahresgehalt, zB. Direktor einer Aktiengesellschaft;

β) bei Handlungsgehilfen, die für eine aussereuropäische Handelsniederlassung angenommen sind, wenn der Prinzipal im Falle der Kündigung vertraglich die Rückreise zahlt,

γ) beim Aushilfskommis, es sei denn, dass er über drei Monate bleibt (dann gilt 2); auch der Aushilfskommis kann nur mit gleicher Kündigungsfrist für beide angenommen werden.

3. Kündigung **ohne** Einhaltung einer **Kündigungsfrist** (fristlose Kündigung) kann seitens jedes Teiles erfolgen, wenn ein wichtiger Grund vorliegt.

a) Wichtiger Grund des **Handlungsgehilfen**: **1.** wenn er zur Fortsetzung der Dienste unfähig ist; **2.** wenn der Prinzipal das Gehalt oder den gebührenden Unterhalt nicht gewährt; **3.** wenn der Prinzipal sich tätlich oder ehrverletzend gegen den Handlungsgehilfen vergeht oder sich weigert, den Handlungsgehilfen gegen solche Handlungen anderer Angestellter oder der Familienangehörigen des Prinzipals in Schutz zu nehmen.

b) Wichtiger Grund des **Prinzipals**: **1.** wenn der Handlungsgehilfe im Dienste untreu ist, das ihm erwiesene Vertrauen missbraucht oder Konkurrenzgeschäfte betreibt; **2.** wenn er seinen Dienst während einer dem Umstande nach erheblichen Zeit unbefugt verlässt oder sich beharrlich weigert, seinen Dienstverpflichtungen nachzukommen; **3.** wenn er durch anhaltende Krankheit, durch längere Freiheitsstrafe oder Abwesenheit oder durch militärische Dienstleistungen von mehr als acht Wochen an der Verrichtung seiner Dienste behindert ist; **4.** wenn er sich Tätlichkeiten oder erhebliche Ehrverletzungen gegen den Prinzipal oder dessen Vertreter zuschulden kommen lässt.

c) Die Aufzählung in a und b ist nicht erschöpfend.

d) Wird die fristlose Kündigung durch vertragswidriges Verhalten des anderen Teiles veranlasst, so ist dieser zum Ersatze des durch die Aufhebung des Dienstverhältnisses entstehenden Schadens verpflichtet.

4. **Zeugnis:** nach der Beendigung des Dienstverhältnisses kann der Handlungsgehilfe ein schriftliches Zeugnis über Art und Dauer seiner Beschäftigung fordern; wenn er es verlangt, kann das Zeugnis auch auf seine Leistung und Führung ausgedehnt werden.

VII. **Konkurrenzklausel** ist eine Vereinbarung, durch die der Handlungsgehilfe für die Zeit nach der Beendigung des Dienstverhältnisses in seiner gewerblichen Tätigkeit beschränkt wird.

Zweck der Konkurrenzklausel ist, dass der Handlungsgehilfe nicht zum Schaden seines Prinzipals alles dasjenige, was er in diesem Betriebe speziell kennen gelernt hat (zB. Bezugsquellen, besondere Vereinbarungen mit den Kunden, gewisse Arten der Propaganda), bei der Konkurrenz des Prinzipals verwende oder etwa dazu benutze, ein von ihm am gleichen

Orts errichtetes Konkurrenzgeschäft zum besonderen Nachteile seines Prinzipals zu führen.

Zulässigkeit der Konkurrenzklausel: eine solche Vereinbarung ist für den Handlungsgehilfen insoweit verbindlich, als die ihm auferlegte Beschränkung nach Ort, Zeit und Gegenstand nicht die Grenzen überschreitet, durch die eine unbillige Erschwerung des Fortkommens ausgeschlossen wird.

a) Inwieweit dies der Fall ist, wird sich nach der Lage der örtlichen Verhältnisse, nach der besonderen Stellung der Handlungsgehilfen und nach der allgemeinen Geschäftslage des Kaufmannes zu beurteilen haben.

b) In zwei Beziehungen gibt das Gesetz zwingende Vorschriften: 1. die Beschränkung darf nicht auf länger als drei Jahre von der Beendigung des Dienstverhältnisses aus erstreckt werden; 2. ist der Handlungsgehilfe zur Zeit des Abschlusses des Vertrages minderjährig, dann ist die Vereinbarung nichtig.

c) Die **zwingenden** Vorschriften des H 75:

α) **Kein** Anspruch aus der Konkurrenzklausel besteht:

aa) wenn der Prinzipal durch vertragswidriges Verhalten dem Handlungsgehilfen einen wichtigen Grund zur **fristlosen Kündigung** gibt;

bb) wenn der Prinzipal kündigt, es sei denn: dass ein von ihm nicht verschuldeter, erheblicher Anlass vorliegt, oder dass während der Dauer der Konkurrenzbeschränkung dem Handlungsgehilfen das zuletzt von ihm bezogene Gehalt fortgezahlt wird.

β) Ist in der Konkurrenzklausel eine **Strafe** versprochen, so ist diese das Schadensmaximum; sie schliesst den Erfüllungsanspruch aus. Eine Herabsetzung der Strafe kann nach B 343 erfolgen; vgl. Band 2 19.

§ 16. Handlungslehrling ist, wer zur Erlernung kaufmännischer Dienste in einem Handelsgewerbe angestellt ist.

I. Grundsätze des Lehrlingsrechtes: es gelten prinzipiell die Vorschriften betr. Konkurrenzverbot, soziale Pflichten des Prinzipals, Konkurrenzklausel (wie beim Handlungsgehilfen).

1. Der Lehrherr hat für Unterweisung und Ausbildung der Lehrlinge zu sorgen; er darf insbesondere ihre Zeit nicht durch Verwendung zu anderen als kaufmännischen Dienstleistungen in Anspruch nehmen.

2. Der Prinzipal muß dem Lehrling den Besuch einer Fortbildungsschule ermöglichen, Gw 120.

Ehrverlustige dürfen Lehrlinge weder halten, noch (im Betriebe eines anderen) mit ihrer Anleitung sich befassen; die Polizei kann bei Verstoss hiergegen die Entlassung erzwingen. Vergleiche hierzu Band 28 § 37.

3. Die Dauer der Lehrzeit bestimmt sich nach dem **Lehrvertrage,** der bei minderjährigen Personen vom Vater, bei bevormundeten vom Vormund abgeschlossen wird; der Vormund bedarf der Genehmigung des Vormundschaftsgerichtes, wenn der Lehrvertrag auf länger als ein Jahr abgeschlossen ist.

Ist ein Lehrvertrag nicht abgeschlossen, dann gelten für die Dauer der Lehrzeit die örtlichen Verordnungen oder der Ortsgebrauch.

II. Das Lehrverhältnis beginnt mit einer **Probezeit,** die nicht mehr als drei Monate betragen darf; während des ersten Monats nach Beginn der Lehrzeit kann das Lehrverhältnis ohne Einhaltung einer Kündigungsfrist gekündigt werden.

Ist die Probezeit abgelaufen, dann finden die für Handlungsgehilfen geltenden Vorschriften auch auf das Lehrverhältnis Anwendung. — Als wichtiger Grund für die Kündigung des Lehrlings ist es besonders anzusehen, wenn der Lehrherr seine Verpflichtungen gegen den Lehrling in einer gesundheitsgefährdenden Weise vernachlässigt oder ihn in der Ausbildung nicht fördert.

Stirbt der Lehrherr, dann kann das Lehrverhältnis innerhalb eines Monats ohne Einhaltung einer Kündigungsfrist gekündigt werden.

III. **Berufswechsel:** wird vom gesetzlichen Vertreter des Lehrlings (oder nach erlangter Volljährigkeit von diesem selbst) die schriftliche Erklärung abgegeben, daß der Lehrling zu einem anderen Berufe oder Gewerbe übergeht, so endigt das Lehrverhältnis mit Ablauf des Monats.

Tritt jedoch der Lehrling der abgegebenen Erklärung zuwider vor Ablauf von neun Monaten in ein anderes Geschäft als Handlungslehrling oder als Handlungsgehilfe ein, so ist er dem Lehrherrn **schadensersatzpflichtig.** — Wenn ein anderer Lehrherr oder Prinzipal von diesem Sachverhalte Kenntnis hat und den Lehrling trotzdem annimmt, dann haftet auch er als **Gesamtschuldner** (Band 2 27).

Der Lehrherr kann **Ansprüche** wegen unbefugten Austritts gegen den Lehrling nur geltend machen, wenn der Lehrvertrag schriftlich abgeschlossen ist.

IV. **Zeugnis:** ist das Lehrverhältnis beendigt, dann hat der Lehrherr dem Lehrling ein schriftliches Zeugnis über die Dauer der Lehrzeit, Kenntnisse und Fähigkeiten sowie über Betragen auszustellen.

§ 17. **Handlungsagent** ist, wer, ohne als Handlungsgehilfe angestellt zu sein, ständig damit betraut ist, für das Handelsgewerbe eines anderen Geschäfte zu vermitteln oder im Namen des anderen abzuschließen.

Arten: a) Vermittelungsagenten, die nicht als Kontrahenten auftreten, sondern lediglich die beiden Kontrahenten miteinander in Verbindung bringen; b) Abschlussagenten, die im Namen des Kaufmannes für ihn auftreten und das Geschäft selbst abschliessen.

Gegensätze:

a) Handlungsagent:	Handlungsgehilfe:
1. selbständig,	1. unselbständig,
2. Kaufmann.	2. Nichtkaufmann.
b) Handlungsagent:	Kommissionär:
1. im Namen des anderen,	1. im eigenen Namen,
2. Geschäfte aller Art.	2. nur Einkauf oder Verkauf.

I. Der Handlungsagent hat das Interesse des Kaufmannes (seines Geschäftsherrn) mit der Sorgfalt eines ordentlichen Kaufmannes zu wahren, insbesondere ihn erforderlichenfalls zu benachrichtigen, namentlich bei Geschäftsabschlüssen. Der Geschäftsherr muß unverzüglich die Ablehnung erklären; sonst wird seine Genehmigung angenommen.

II. Der Handlungsagent ist **ermächtigt,** Mängelrügen, Zurverfügungstellungen und ähnliche Erklärungen entgegenzunehmen; nur mit besonderer Ermächtigung darf er Zahlungen in Empfang nehmen und stunden.

1. Der Handlungsagent hat Anspruch auf die **Provision,** ferner hat er zu seiner Information ein Recht auf Mitteilung eines Buch-

auszuges. Kosten und Auslagen werden ihm mangels besonderer Abmachung nicht ersetzt.

2. Ist der Handlungsagent für einen **bestimmten Bezirk** bestellt (Bezirksagentur), so kann er auch für **nicht** von ihm abgeschlossene Geschäfte des Bezirkes (sog direkte Geschäfte) Provision verlangen.

Platzagent heisst der Handlungsagent dann, wenn er für einen bestimmten Ort angestellt ist.

III. Der Agenturvertrag kann von jedem Teile mit einer Frist von sechs Wochen für den Schluß eines Kalendervierteljahres **gekündigt** werden, wenn er für unbestimmte Zeit eingegangen ist; außerdem kann jeder Teil fristlos kündigen, wenn ein wichtiger Grund vorliegt.

§ 18. Handelsmäkler ist, wer gewerbsmäßig für andere Personen, ohne von ihnen auf Grund eines Vertragsverhältnisses ständig damit betraut zu sein, die Vermittelung von Verträgen über Anschaffung oder Veräußerung von Waren oder Wertpapieren, über Versicherungen, Güterbeförderungen, Bodmerei, Schiffsmiete oder sonstige Gegenstände des Handelsverkehrs übernimmt.

Auf Vermittelung **anderer** Geschäfte, z. B. über Immobilien, Gesindedienstvermittelung, finden die Vorschriften über Handelsmäkler keine Anwendung.

Gegensätze:

a) Handelsmäkler:	Vermittelungsagent:
1. ohne ständig betraut zu sein,	1. wer ständig damit betraut ist,
2. für jeden.	2. nur für denselben Kaufmann.

b) Handelsmäkler:	Zivilmäkler (nach B 652):
1. Vermittelung,	1. Nachweis der Gelegenheit oder Vermittelung,
2. Kaufmann,	2. Nichtkaufmann,
3. kann beiden Parteien dienen.	3. darf nur für eine Partei tätig sein,
4. Herabsetzung des Lohnes (Courtage oder Sensarie) nicht zulässig.	4. Herabsetzung des Lohnes durch das Gericht ist zulässig,
5. Pflichten (Tagebuch, Schlussnote, Probenaufbewahrung).	5. keine Pflichten dieser Art.

c) Privathandelsmäkler:	Kursmäkler:
1. private Kaufleute,	1. beeidigt,
2. alle Gegenstände des Handelsverkehres,	2. Börsengeschäfte,
3. keine Einwirkung auf die Preisgestaltung.	3. Mitwirkung bei der Feststellung von Kursen.

I. **Pflichten des Handelsmäklers** sind:

1. sofort nach dem Geschäftsabschlusse: Übergabe der Schlußnote;

2. Aufbewahrung einer Warenprobe bei Verkäufen nach Probe;

3. Zurückweisung von Zahlungen, die ihm für einen der Kontrahenten geleistet werden;

4. Haftung für den durch sein Verschulden entstandenen Schaden;

5. Führung eines Tagebuches über alle von ihm abgeschlossenen Geschäfte;

6. auf Verlangen einer Partei hat er einen Auszug aus dem Tagebuche zu geben.

II. **Selbsteintritt** des Mäklers:

1. grundsätzlich besteht ein Selbsteintrittsrecht des Mäklers **nicht**;

2. **Schlußnote mit Aufgabe vorbehalten**: nimmt die Partei eine solche Schlußnote an, in der sich der Mäkler die Bezeichnung der anderen Partei vorbehalten hat, so ist sie an das Geschäft mit der (ihr nachträglich bezeichneten) Partei gebunden.

a) Die Bezeichnung der anderen Partei hat in ortsüblicher **Frist** ev. in angemessener Frist zu erfolgen.

b) Bindung an die zu bezeichnende Partei besteht **nicht**, wenn gegen diese begründete Einwendungen zu erheben sind.

c) Die Partei kann vom Handelsmäkler **Erfüllung** verlangen (also Selbsteintrittspflicht): 1. wenn die Bezeichnung unterbleibt, 2. wenn gegen die bezeichnete Person oder Firma begründete Einwendungen bestehen.

d) **Befreiung** des Mäklers von der Selbsteintrittspflicht: der Anspruch zu c ist ausgeschlossen, wenn sich die Partei auf seine Aufforderung hin nicht unverzüglich darüber erklärt, ob sie Erfüllung verlangt.

III. **Mäklerlohn** ist die dem Handelsmäkler (für die kausale Bewirkung des Geschäftsabschlusses) zu zahlende Vergütung; wer die Vergütung zahlt, bestimmt sich: 1. grundsätzlich nach Vereinbarung; — 2. mangels Vereinbarung: nach Ortsgebrauch; — 3. mangels Ortsgebrauch hat jede Partei die Hälfte zu entrichten.

IV. **Kursmäkler** sind Handelsmäkler, die bei der Feststellung der an der Börse zu ermittelnden Kurse mitzuwirken haben. (Erlaß vom 14. XI. 1896.) Siehe auch w. u. Seite 53.

1. Bestellung und Beeidigung erfolgt in Berlin durch den Oberpräsidenten, sonst durch den Regierungspräsidenten. — 2. Einzelheiten: **Maklerordnung**. — 3. Kursmäkler müssen, solange sie als solche fungieren, Börsengeschäfte in den von ihnen zu notierenden Waren oder Wertpapieren betreiben, dürfen aber hierin nur insoweit für eigene Rechnung abschliessen oder bürgen, als dies zur Ausführung der Aufträge nötig ist. — 4. Kursmäkler dürfen kein sonstiges Handelsgewerbe betreiben, noch daran als Gesellschafter oder Angestellte beteiligt sein. — 5. Der Börsenvorstand hat das Tagebuch nach Blatt- und Seitenzahl zu beglaubigen und nach dem Tode des Kursmäklers zu verwahren.

Die Kursmäkler können **öffentliche Verkäufe**, zu denen die Handelsmäkler befugt sind, ohne Ermächtigung bewirken. Dagegen bedürfen sie zur Vornahme **öffentlicher Versteigerungen** (ebenso wie die Handelsmäkler) einer besonderen Beeidigung und öffentlichen Anstellung.

V. **Krämermäkler** sind Personen, welche die Vermittelung von Warengeschäften im Kleinverkehre besorgen, H 104.

Für die Krämermäkler gelten **nicht** die Bestimmungen über Schlussnoten und über Tagebücher.

3. Kapitel.

Die Handelsgesellschaften.

§ 19. Handelsgesellschaft ist eine Vereinigung zum Betriebe eines Handelsgewerbes bzw. eine als Handelsgesellschaft anerkannte juristische Person. — Eine einheitliche Begriffsbestimmung ist unmöglich, da die gesetzliche Regelung kasuistisch erfolgt ist.

I. Die Handelsgesellschaft ist eine Vereinigung von:

1. physischen oder juristischen Personen: bei der AG und GmbH;
2. physischen Personen oder Gn: bei der Gn;
3. physischen Personen: bei der OHG und KG.

II. **Nicht** als Handelsgesellschaft sind anzusehen: 1. die stille Gesellschaft; — 2. die Gelegenheitsgesellschaft (a-conto-metà Gesellschaft oder Spekulationsverein), d. i. eine Vereinigung zu einzelnen Handelsgeschäften für gemeinschaftliche Rechnung ohne gemeinsame Firma; z. B. Gründer einer Aktiengesellschaft, Einkaufskartell, Notstandsgesellschaft; — 3. Kleinhandelsgesellschaften, d. i. eine Vereinigung von Minderkaufleuten (siehe w. o. Seite 5); — 4. die Reederei (weil firmen- und registerlos) vgl. Band 7 20.

III. Der **Betrieb** der Handelsgesellschaften ist:

1. ein Handelsgewerbe: bei der offenen Handelsgesellschaft und bei der Kommanditgesellschaft.

2. ein Handelsgewerbe oder ein anderes Gewerbe: bei der Aktiengesellschaft, bei der Kommanditgesellschaft auf Aktien, bei der Gesellschaft mit beschränkter Haftung und bei der eingetragenen Genossenschaft (sog. technische Handelsgesellschaften).

IV. **Rechtspersönlichkeit:** juristische Personen:

1. sind **nicht:** OHG, KG, AKG (streitig);
2. **sind:** AG, GmbH, Gn.

V. Unterscheidung nach der **Schuldenhaftung:**

1. Haftpflicht: Der Gesellschafter haftet dem Gläubiger unmittelbar; — Deckungspflicht: Der Gesellschafter haftet der Gesellschaft, die ihrerseits den Gläubiger befriedigt.
2. Prinzipale und subsidiäre Haftung.
3. Unbeschränkte und beschränkte Haftung.
4. Gesamtschuldner und proratarische Haftung.

§ 20. Geschichte der Handelsgesellschaften. — I. **Kommandite.** Bei den Römern: depositum irregulare als Bankkommenda (Goldschmidt); ähnlich in Byzanz und Arabien. — Im Mittelalter: Commenda (von commendare, anvertrauen), d. h. man gibt einem Kaufmann Geld oder Waren, damit er hiermit überseeische Geschäfte mache; später auch für das Binnenland. — Hieraus ist die moderne stille

Gesellschaft und (im Anschlusse an das französische Recht) die Kommandit-gesellschaft entstanden.

II. **Offene Handelsgesellschaft:** aus der Familie hervorgegangen; im 13. Jahrhunderte im Mittelmeerhandel. Der Familiencharakter erhielt sich bis ins 16. Jahrhundert.

III. **Aktiengesellschaft:** schon bei den Römern societates publicanorum oder vectigalium; jedoch haftete der manceps persönlich.

1. Im 14. Jahrhundert: italienische **montes** oder maonae, d. h. Staatsgläubigervereinigungen, die für Darlehen, die sie dem Staate gaben, dessen Einkünfte sich überweisen ließen und durch die Gesamtheit der Gläubiger verwalteten; die Anteile hießen loca (luoghi). **Beispiele:** St.-Georgs-Bank in Genua 1407—1805; St.-Ambrosius-Bank in Mailand 1598—1786.

2. Im Anschlusse an die **Reederei:** Niederländisch-ostindische Kompanie 1602, englisch-ostindische Kompanie 1613; — brandenburgische Handelskompanie auf den Küsten von Guinea 1682, österreichisch-orientalische Kompanie in Wien 1719, österreichisch-ostindische Kompanie in Ostende 1722.

§ 21. **Offene Handelsgesellschaft** (Offenschaft) ist eine Gesellschaft von Kaufleuten, deren Zweck auf den Betrieb eines Handelsgewerbes unter gemeinschaftlicher Firma gerichtet ist, und deren Gesellschafter gegenüber den Gesellschaftsgläubigern unbeschränkt haften.

OHG:	Gesellschaft nach B:
a) Handelsgewerbe,	a) jeder Zweck,
b) Haftung muss unbeschränkt sein,	b) Haftungsbeschränkung ist zulässig.
c) grundsätzlich hat jeder Gesellschafter Vertretungsrecht.	c) grundsätzlich sind nur alle Gesellschafter zusammen vertretungsberechtigt (siehe Band 2 43).

I. Die OHG wird grundsätzlich durch den Vertrag abgeschlossen und entsteht hierdurch (siehe jedoch Nr. II 3).

Erbengemeinschaft: wenn ein Vollkaufmann gestorben ist und seine Erben das Geschäft fortführen, so bilden sie zunächst nur eine Erbengemeinschaft; — jedoch **kann** diese sich in eine Offenschaft umwandeln, und zwar nur durch Vertrag; ein solcher kann formfrei, insbesondere auch dadurch abgeschlossen werden, dass der Betrieb eine längere Zeit hindurch, als an sich nötig war, fortgesetzt wird.

Nichtrechtsfähiger Verein als OHG: streitig ist, ob der Betrieb eines Handelsgewerbes durch einen nichtrechtsfähigen Verein diesen zum Kaufmann macht (dafür Staub, dagegen Gierke); zu bejahen, wenn Personenfirma vorhanden ist und die Mitglieder (nicht nur mit dem Beitrage, sondern) unbeschränkt haften. **Erster Fall**: Verein Kreditreform.

II. **Wirkung der Eintragung:** die OHG wird ins Register eingetragen.

1. Zur Eintragung der Firma ins Register ist eine Anmeldung bei dem Registergerichte erforderlich.

Die **Anmeldung** muss enthalten: a) den Namen, Vornamen, Stand und Wohnort jedes Gesellschafters; b) die Firma der Gesellschaft und den

Ort, wo sie ihren Sitz hat; c) den Zeitpunkt, an dem die Gesellschaft begonnen hat.

2. Die Anmeldung ist von sämtlichen Gesellschaftern zu bewirken; sie haben die Firma nebst Namensunterschrift bei Gericht zu zeichnen.

3. Die Eintragung wirkt: a) deklaratorisch: bei den Handelsgewerben nach H 1 (siehe w. o. Seite 6); b) konstitutiv: bei den Betrieben nach H 2 (siehe w. o. Seite 6).

III. **Rechtsstellung** der OHG: sie kann unter ihrer Firma Rechte erwerben, klagen und verklagt werden.

1. Die OHG ist nicht juristische Person (a. A. Kohler, Hellwig, Cosack).

2. Nicht die Firma kann Rechte erwerben, sondern nur die OHG selbst, allerdings unter ihrer Firma: die Firma ist nur Name, nicht Person, vgl. Band 9 12.

3. Die Gesellschafter sind sämtlich mit Kaufmannsqualität begabt; sie sind die Eigentümer des Gesellschaftsvermögens.

Wenn ein Prozess der Gesellschaft schwebt, der unter der Firma der Gesellschaft geführt wird, so sind gleichwohl die Gesellschafter als solche persönlich beteiligt: sie können nicht Zeugen sein, haben vielmehr den Parteieid (Band 9 40) zu leisten.

4. **Gesellschaftsvermögen:** trotz fehlender Rechtspersönlichkeit hat die OHG ein selbständiges Gesellschaftsvermögen.

a) **Stellung der Gesellschafter**: wenn sie auch anteilig am Gesellschaftsvermögen berechtigt sind, so stehen ihnen dennoch verfügbare Bruchteile nicht zu. Unter den Gesellschaftern besteht vielmehr eine Gemeinschaft zur gesamten Hand (Band 19), d. h. das Gesellschaftsvermögen ist derart geschlossen, dass die einzelnen Gesellschafter während des Bestehens der OHG nicht darüber verfügen können. Wenn also auch die Gesellschafter in ihrer Gesamtheit Eigentümer des Gesellschaftsvermögens sind, so sind sie dennoch nur in ihrer Summe Eigentümer des Gesellschaftsvermögens, aber nicht jeder für sich.

b) Die **Gebundenheit des Gesellschaftsvermögens** zeigt sich vor allem darin: 1. die OHG führt einen einheitlichen Namen, die Gesellschaftsfirma; 2. die OHG kann unter ihrer Firma Rechte erwerben und Verbindlichkeiten eingehen, Eigentum und andere dingliche Rechte an Grundstücken erwerben, vor Gericht klagen und verklagt werden; 3. das Gesellschaftsvermögen ist geschlossen und hat eine Sonderexistenz gegenüber dem Privatvermögen der Gesellschafter, so dass die Zwangsvollstreckung über das Gesellschaftsvermögen als solches möglich ist, und zwar auf Grund eines vollstreckbaren Schuldtitels, der gegen die Gesellschaft als solche gerichtet ist.

IV. **Rechtsstellung der Gesellschafter.** 1. **Rechte** der Gesellschafter:

a) sie haben Anspruch auf Ersatz ihrer Auslagen und Aufwendungen sowie von Verlusten aus Gesellschaftsgeschäften;

b) das der OHG zur Verfügung gestellte Geld ist ihnen zu verzinsen;

c) sie haben Anspruch auf Dividende;

d) sie können aus der Gesellschaftskasse Geld bis zu 4 % des Kapitalanteiles erheben, und sie können, wenn es nicht zum offenbaren Schaden der OHG gereicht, den Gewinn des letzten Jahres sich vollständig auszahlen lassen;

e) sie haben Stimmrecht;

f) sie haben, und zwar jeder einzeln für die OHG, ein Vertretungs- und Geschäftsführungsrecht, sofern nicht ein besonderer socius gerens bestellt ist;

g) sie können in sämtliche Bücher der Gesellschaft Einsicht nehmen.

Entziehung des Geschäftsführungsrechtes auf Antrag durch das Gericht, wenn ein wichtiger Grund, z. B. grobe Pflichtverletzung oder Unfähigkeit, vorliegt.

Bestellung eines **Prokuristen** kann nur mit Zustimmung aller geschäftsführenden Gesellschafter erfolgen.

2. **Pflichten** der Gesellschafter:

a) sie haben rechtzeitig die Beiträge zu leisten;

b) sie stehen einander für culpa in concreto (Band 2 14) ein, Dritten dagegen entsprechend der für die betreffende Verbindlichkeit geltenden Haftung;

c) sie haben Geld, das sie unbefugt der Kasse entnehmen oder nicht rechtzeitig abliefern, zu verzinsen;

d) sie haben das Konkurrenzverbot zu beobachten: ohne Einwilligung der anderen Gesellschafter darf ein Gesellschafter weder in dem Handelszweige der Gesellschaft Geschäfte machen, noch an einer anderen gleichartigen Handelsgesellschaft als persönlich haftender Gesellschafter teilnehmen.

Wenn aber die übrigen Gesellschafter bei Eingehung der OHG seine Beteiligung an solchen Geschäften **kennen**, so gilt ihre Einwilligung als erteilt, falls nicht die Aufgabe dieser Beteiligung ausdrücklich bedungen wird.

V. **Haftung** für die Schulden der OHG:

1. Für die **Gesellschaftsschulden** haftet jeder Gesellschafter als Gesamtschuldner; der Gläubiger hat die Wahl, ob er gegen die OHG oder gegen die einzelnen Gesellschafter vorgehen oder beides gleichzeitig tun will.

Als Gesellschaftsschulden sind nach richtiger Ansicht auch die **Deliktsschulden** anzusehen, z. B. unlauterer Wettbewerb, Markenschutz, Stempelhinterziehung, Depotgesetz. — Nach Dernburg: Analogie von B 31 (Band 1 7); — nach Kohler: keine Deliktsschuld der Gesellschaft möglich, weil sie nicht zwecks Deliktes eingegangen sei. — Mit dieser unhaltbaren Argumentation könnte man die Existenz des verbrecherischen Menschen leugnen.

2. Der **Neueintritt** in eine bestehende Gesellschaft bewirkt, daß der neu Hinzukommende für die bereits bestehenden Verbindlichkeiten der OHG haftet, und zwar ohne Rücksicht darauf, ob die Firma dieselbe bleibt oder nicht.

VI. Die **Auflösung** der OHG findet statt durch: 1. Zeitablauf, — 2. Beschluß der Gesellschafter, — 3. Konkurseröffnung über das Vermögen der Gesellschaft (Band 10 33), — 4. Tod eines Gesellschafters (falls nicht im Gesellschaftsvertrage Weiterbestehen in diesem Falle vereinbart ist), — 5. Konkurseröffnung über das Vermögen eines Gesellschafters, — 6. Kündigung: ist die OHG für unbestimmte Zeit eingegangen, dann kann mit einer Frist von mindestens sechs Monaten auf den Schluß des Geschäftsjahres gekündigt werden. — 7. **Gerichtsbeschluß:** insbesondere auf Antrag eines Gesellschafters wegen eines wichtigen Grundes, zB. wenn ein Gesellschafter eine wesentliche Verpflichtung aus dem Vertrage vorsätzlich oder grob fahrlässig verletzt oder ihre Erfüllung unmöglich macht.

Ausserdem wird die OHG aufgelöst durch **Kündigung seitens eines Privatgläubigers,** welcher einen vollstreckbaren Schuldtitel gegen einen Gesellschafter hat, eine Zwangsvollstreckung in das bewegliche Vermögen dieses Gesellschafters innerhalb der letzten sechs Monate erfolglos versucht hat, **und** der nunmehr den Anspruch auf das, was dem Gesellschafter bei der Auseinandersetzung zukommt, pfändet und sich überweisen lässt, H 135.

VII. Die **Fortführung** des Betriebes der Gesellschaft kann auch durch einen einzelnen Gesellschafter erfolgen; er ist jedoch dann Einzelkaufmann.

VIII. Die **Durchführung** der Auflösung der OHG.

1. Nach der Auflösung der OHG findet die Liquidation statt: laufende Geschäfte werden beendigt, Forderungen eingezogen, das übrige Vermögen versilbert und sodann die Gläubiger befriedigt. Das dann noch verbleibende Vermögen der Gesellschaft wird im Verhältnisse der Kapitalanteile unter die Gesellschafter verteilt.

2. Die Gesellschafter sind geborene Liquidatoren; auf Antrag eines Beteiligten kann das Gericht aus einem wichtigen Grunde, zB. Malversationen der Gesellschafter, einen Liquidator ernennen.

3. Nach der Beendigung der Liquidation melden die Liquidatoren das Erlöschen der Firma zum Handelsregister an.

IX. **Verjährung:** die Ansprüche gegen einen Gesellschafter aus Gesellschaftsschulden verjähren in fünf Jahren seit der Auflösung oder seit seinem Ausscheiden, sofern nicht nach den allgemeinen Vorschriften eine kürzere Verjährung Platz greift.

Die Verjährung beginnt mit dem Ende des Tages, an dem die Auflösung oder das Ausscheiden in das Handelsregister eingetragen wird; wird der Anspruch des Gläubigers erst nach diesem Zeitpunkte fällig, dann läuft die Verjährung vom Fälligkeitstage an.

§ 22. **Kommanditgesellschaft** ist eine Gesellschaft, deren Zweck auf den Betrieb eines Handelsgewerbes unter gemeinschaftlicher Firma gerichtet ist, und bei der die Haftung der Gesellschafter in der Weise geregelt ist, daß der eine Teil (Kommanditisten) nur bis zum Betrage einer bestimmten Vermögenseinlage, der andere Teil (Komplementäre) unbeschränkt haftet.

Mindestens muss ein Komplementar und ein Kommanditist vorhanden sein.

I. Die KG wird ins **Register** eingetragen; bei der Bekanntmachung der Eintragung wird bezüglich der Kommanditisten nur die Zahl angegeben.

II. Die Stellung der Gesellschafter.

1. Die **Komplementäre** haben dieselbe Stellung wie die Gesellschafter einer OHG; sie haften also den Gesellschaftsgläubigern **unbeschränkt**, **primär**, solidarisch. Sie sind Kaufleute.

2. Die Kommanditisten sind Nichtkaufleute (streitig).

a) Sie sind von der Geschäftsführung ausgeschlossen; sie sind nicht zur Vertretung der KG befugt;

b) der Tod eines Kommanditisten bewirkt nicht die Auflösung der KG; wohl aber der Konkurs über das Vermögen eines Kommanditisten;

c) sie können eine Abschrift der Jahresbilanz und zu deren Prüfung Einsicht in die Bücher verlangen.

III. Die **Haftung** der Kommanditisten im allgemeinen:

1. Der Kommanditist haftet den Gläubigern der KG **bis zur Höhe** seiner Einlage **unmittelbar**, d. h. die Gläubiger können von ihm verlangen, daß er diese Einlage voll leiste; dieses Recht, die Volleinzahlung der Einlage zu fordern, steht, wenn die KG in Konkurs geraten ist, dem Konkursverwalter zu (Band 10 32).

a) Hat dagegen der Kommanditist einen Teil seiner Einlage (soweit nötig) oder den ganzen Betrag an die KG geleistet, so kann er von seiten der Gläubiger nicht mehr haftbar gemacht werden;

b) wenn die Gesellschafter vereinbaren, dass dem Kommanditisten die Einlage erlassen oder gestundet wird, dann ist diese Vereinbarung den Gläubigern gegenüber unwirksam (Band 1 21). Soweit die Einlage eines Kommanditisten zurückgezahlt wird, gilt sie den Gläubigern gegenüber als nicht geleistet.

2. **Unbeschränkt** hat der Kommanditist zu haften:

a) wenn sein Name in der Firma genannt ist;

b) wenn die KG vor ihrer Eintragung die Geschäfte begonnen hat und der Kommanditist dem Geschäftsbeginne zugestimmt hat, so haftet er für die Schulden bis zur Eintragung persönlich, wenn er dem Gläubiger nicht als Kommanditist bekannt war;

c) ebenso wie zu b beim Eintritte eines Kommanditisten in eine bestehende Handelsgesellschaft: Haftung bis zu seiner Eintragung ins Register.

IV. **Auflösung** und Liquidation wie bei der offenen Handelsgesellschaft.

§ 23. **Aktiengesellschaft** ist eine Handelsgesellschaft mit juristischer Persönlichkeit, deren Grundkapital in Aktien zerlegt ist, und deren Mitglieder (Aktionäre) persönlich für die Gesellschaftsschulden nicht haften, sondern mit Einlagen auf das in Aktien zerlegte Grundkapital der Gesellschaft beteiligt sind. Die AG ist Kaufmann.

I. **Geschichtliche Entwickelung**: siehe w. o. Seite 24. Vorbemerkung vgl. w. o. Seite 2.

1. **Erste Periode**: Konzessionssystem, eingeführt durch den Code de commerce 1808, übernommen vom Allgemeinen Deutschen Handelsgesetzbuche 1861; die AG muss gewerbsmässig Handelsgeschäfte betreiben.

2. **Zweite Periode**: System der Normativbestimmungen. Durch die Aktiennovelle vom 11. Juni 1870 wird die Gründung der AG durch Eintragung nach Erfüllung der gesetzlichen Normativbestimmungen bewirkt; die AG kann jeden erlaubten Zweck verfolgen.

3. **Dritte Periode**: unter Aufrechterhaltung von 2 wird ein Schutz gegen Gründerschwindel eingeführt. Prospekt und Gründungshergang werden auf Grund der Novelle vom 18. Juli 1884 geprüft, Verstösse werden ev. bestraft.

I. Die AG kann **zu jedem erlaubten Zwecke** begründet werden, gilt (nicht: ist) aber stets Handelsgesellschaft.

Unerlaubt ist es, eine Religionsgesellschaft oder geistliche Gesellschaft als AG zu begründen, vgl. Einf-B 81.

1. Zunächst ist ein **Gesellschaftsvertrag** abzuschließen, sodann findet die Gründung selbst und deren Prüfung statt. Hierauf erfolgt die Anmeldung beim Handelsregister und schließlich die Eintragung. **Entstanden** ist die AG mit der Eintragung; **vorher** besteht unter den Gründern eine Gelegenheitsgesellschaft.

Besondere Fälle von Gründungen:

a) **Familiengründung** ist die Begründung einer AG, um die Zersplitterung eines grossen Vermögens zu verhindern; der Hauptteil der Aktien bleibt in den Händen der Familie, an der Börse werden die Aktien nicht gehandelt.

b) **Gründung in Liquidation**: eine AG wird unter Verzicht auf Gewinn begründet und tritt sofort in Liquidation, um so schwer oder unvorteilhaft realisierbare Objekte langsam, sicher und unter Ausnutzung einer weitausschauenden Konjunktur unterzubringen. Beispiel: Terraingesellschaften.

2. Der **Gesellschaftsvertrag** wird in gerichtlicher oder notarieller Verhandlung (Band 1 22) festgestellt. Es müssen mindestens **fünf** Personen daran beteiligt sein, und diese fünf Personen müssen Aktien übernehmen.

In der Verhandlung ist auch anzugeben, welchen Betrag von Aktien die Gründer übernehmen und, wenn verschiedene Gattungen von Aktien ausgegeben werden (d. h. wenn die Aktien mit verschiedenen Rechten ausgestattet sind), auch die Gattung der von ihnen übernommenen Aktien zu verzeichnen.

Der Gesellschaftsvertrag hat folgenden **wesentlichen** Inhalt: a) die Firma und den Sitz der Gesellschaft; — b) den Gegenstand des Unternehmens; — c) die Höhe des Grundkapitals und der einzelnen Aktien; — d) die Art der Bestellung und Zusammensetzung des Vorstandes; — e) die Form, in der die Berufung der Generalversammlung der Aktionäre geschieht; — f) die Form, in der die von der Gesellschaft ausgehenden Bekanntmachungen erfolgen.

Fakultativ kann der Gesellschaftsvertrag noch weitere Bestimmungen enthalten, z. B. über die Publikation in öffentlichen Blättern, ferner über die Art der ausgegebenen Aktien (Namensaktien oder Inhaberaktien), über die Ausgabe der Aktien zu einem höheren Betrage als dem Nennwerte (Über-pari-Emission).

Die Unter-pari-Emission ist verboten.

3. **Gründer** der AG im Sinne des Gesetzes sind die Aktionäre, die den Gesellschaftsvertrag festgestellt oder andere als Bareinlagen geleistet haben.

Schutzvorschriften gegen Benachteiligung bei oder in dem Gründungshergange.

a) Wenn in dem Gesellschaftsvertrage einzelnen Aktionären **besondere Vorteile** bedungen werden, so ist dieser Vorteil auch unter Bezeichnung des Berechtigten festzusetzen.

b) Wenn Aktionäre **Sacheinlagen** (Apports) machen, d. h. solche Einlagen, die nicht durch Barzahlung geleistet werden (zB. Rübenaktionäre), oder wenn andere Vermögensgegenstände, z. B. vorhandene oder herzustellende Anlagen, von der Gesellschaft übernommen werden sollen, so müssen diese Gegenstände ebenso wie die Personen, von denen die AG sie erwirbt, in dem Gesellschaftsvertrage genau unter Angabe der dafür geleisteten Aktien oder der Vergütung bezeichnet werden.

c) Der **Gründergewinn** muss gesondert von diesen Festsetzungen angegeben werden; Gründergewinn (oder Gründerlohn) ist die Entschädigung oder Belohnung, die zu Lasten der Gesellschaft an Aktionäre oder andere Personen für die Gründung oder deren Vorbereitung geleistet wird

d) Jedes Abkommen hierüber, das nicht im Gesellschaftsvertrage festgesetzt ist, ist der Gesellschaft gegenüber unwirksam.

Qualifizierte Gründung nennt man eine Gründung, bei der die Fälle a bis c vorkommen.

II. **Der Gründungshergang** kann als Simultangründung oder als Sukzessivgründung stattfinden.

Gegensatz der einzelnen Gründungsphasen bei:

Simultangründung:	**Sukzessivgründung**:
1. Feststellung des Statuts,	1. Feststellung des Statuts,
2. Übernahme aller Aktien,	2. Übernahme eines Teils und Auflegung zum Zeichnen,
3. Wahl des Vorstandes und des Aufsichtsrates,	3. Wahl von Vorstand und Aufsichtsrat in der ersten Generalversammlung,
4. Einzahlung,	4. Einzahlung,
5. Prüfung des Gründungsherganges,	5. Prüfung des Gründungsherganges,
6. Anmeldung beim Registergerichte,	6. Anmeldung beim Registergerichte,
7. Prüfung durch den Richter,	7. Prüfung durch den Richter,
8. Eintragung ins Register.	8. Generalversammlung (zweite und konstituierende),
	9. Eintragung ins Register.

1. **Simultangründung:** die Gründer übernehmen alle Aktien; die Gesellschaft gilt mit der Übernahme der Aktien als errichtet. In der ersten Generalversammlung wird der Vorstand und der Aufsichtsrat bestellt, der Gründungshergang geprüft und sodann die Eintragung in das Handelsregister bewirkt.

2. **Sukzessivgründung:** die Gründer übernehmen nicht alle Aktien, sondern legen den von ihnen nicht übernommenen Betrag der Aktien zur Zeichnung auf.

a) Die Zeichnung erfolgt durch schriftliche Erklärung, aus der hervorgeht, zu welchem Betrage und an welcher Gattung der Aktien der Zeichner sich beteiligt.

Der **Zeichnungsschein** enthält die Erklärung über die Zeichnung; er wird in zwei Exemplaren ausgestellt und hat folgenden Inhalt: 1. den Tag der Feststellung des Gesellschaftsvertrages nebst den Festsetzungen, die für den Gesellschaftsvertrag wesentlich sind; 2. den Namen, Stand und Wohnort der Gründer; 3. den Betrag, für den die Ausgabe der Aktie stattfindet, und den Betrag der festgesetzten Einzahlung; 4. den Zeitpunkt, in dem die Zeichnung unverbindlich wird, falls nicht bis dahin die Gesellschaft begründet worden ist.

Konzertzeichner heisst derjenige Spekulant, der übermässig hoch zeichnet, um eine Überzeichnung (d. h. eine den aufgelegten Betrag übersteigende Zeichnung) herbeizuführen und so das proponierte Unternehmen als günstig hinzustellen. Häufig fallen hierdurch die kleinen Zeichner aus und müssen die gewünschten Stücke mit erheblichem Aufschlage vom Spekulanten beziehen.

b) Nachdem die Zeichnungen geschlossen sind, nehmen die Gründer ein Aktionärverzeichnis auf und berufen eine **erste Generalversammlung**, in welcher der Vorstand und der Aufsichtsrat gewählt werden.

c) Nachdem nunmehr der Gründungshergang geprüft worden ist, erfolgt die **Anmeldung** zum Register, jedoch noch nicht die Eintragung der Gesellschaft.

d) Nunmehr beruft das Gericht eine **konstituierende zweite Generalversammlung** der Aktionäre zum Zwecke der Beschlußfassung über die Errichtung der Gesellschaft.

Unter Leitung des Gerichtes findet die Versammlung statt, und in dieser haben sich Vorstand und Aufsichtsrat über das Ergebnis der Prüfung des Gründungsherganges zu äussern. — Wenn über die Errichtung der Gesellschaft **abgestimmt** wird, so muss, damit die Gesellschaft zustande kommt, eine doppelte Mehrheit sich dafür erklären, und zwar muss diese Mehrheit mindestens ein Viertel aller im Verzeichnisse aufgeführten Aktionäre umfassen, und der Betrag muss mindestens ein Viertel des Gesamtgrundkapitals darstellen. — Soll der Gesellschaftsvertrag in gewissen wichtigen Punkten **abgeändert** werden, so ist die Zustimmung aller erschienenen Aktionäre erforderlich. — Es genügt einfache Stimmenmehrheit, wenn die Beschlussfassung **vertagt** werden soll.

3. Die Anmeldung und Eintragung der AG.

a) **Inhalt** der Eintragung: anzugeben sind Firma und Sitz der Gesellschaft, der Gegenstand des Unternehmens, die Höhe des Grundkapitals, der Tag der Feststellung des Gesellschaftsvertrages und die Mitglieder des Vorstandes; falls im Vertrage besondere Bestimmungen über die Zeitdauer der Gesellschaft oder über die Vertretungsbefugnis des Vorstandes enthalten sind, dann sind auch diese mit anzugeben.

Die Anmeldung der Gesellschaft ist durch **sämtliche Mitglieder des Vorstandes** zu bewirken; **erst mit** der Eintragung ist die Gesellschaft als solche vorhanden.

b) **Vor der Eintragung** besteht die Aktiengesellschaft als solche nicht; — wer also vorher im Namen der Gesellschaft handelt, haftet persönlich, mehrere haften als Gesamtschuldner. Ebenso können die Anteilsrechte vor der Eintragung mit Wirksamkeit gegenüber der Gesellschaft nicht übertragen werden; auch können Aktien- oder Interimsscheine vorher nicht ausgegeben werden.

In der Zwischenzeit bis zur Eintragung, also in der Zeit, in welcher die AG **als errichtet gilt**, ohne in Wirklichkeit errichtet (nämlich: eingetragen) zu sein, ist die AG eine bürgerlich-rechtliche **Gesellschaft**, vgl. Band **2** 43; — nach anderer Meinung ist sie ein nichtrechtsfähiger Verein (Band **1** 7.).

III. **Aktie** ist die Einheit der Anteile, die der einzelne Gesellschafter zu dem Grundkapital der Gesellschaft stellt. Die Aktie ist ein Korporationspapier; vgl. Band 7 1.

Manche unterscheiden die **Aktie als** Korporationsrecht von dem **Aktienschein**, d. h. der darüber ausgestellten Urkunde.

1. Die Aktie ist unteilbar; sie kann auf den Inhaber oder auf den Namen lauten.

In besonderen Fällen aber gestattet das Gesetz **nur Namensaktien**: 1. wenn Aktien vor der vollen Leistung des Nennbetrages ausgegeben werden; 2. wenn Aktien zu einem höheren Ausgabepreise ausgegeben werden, bevor der volle Betrag geleistet ist; 3. ebenso bei Interimsscheinen, d. h. bei solchen Anteilsscheinen, die den Aktionären vor der Ausgabe der Aktien ausgestellt werden.

Wenn von vornherein Namensaktien ausgegeben werden, bevor der volle Betrag eingezahlt ist, dann muss in den Urkunden angegeben werden, welcher Betrag zurzeit geleistet worden ist.

2. Über das **Grundkapital** der AG gibt das Gesetz keine unmittelbaren Vorschriften.

Der Betrag einer Aktie muß grundsätzlich mindestens 1000 Mark sein.

Kleinaktien, d. h. Aktien, die auf mindestens 200 Mark gestellt sein können, sind ausnahmsweise in folgenden drei Fällen zugelassen:

1. der Bundesrat kann für ein gemeinnütziges Unternehmen im Falle eines besonderen örtlichen Bedürfnisses die Ausgabe solcher Kleinaktien zulassen;

2. der Bundesrat kann die gleiche Genehmigung erteilen, wenn für ein Unternehmen das Reich, ein Einzelstaat, ein Kommunalverband oder sonst eine öffentliche Körperschaft auf die Aktie einen bestimmten Ertrag bedingungslos und ohne Zeitbeschränkung garantiert hat;

3. vinkulierte Namensaktien, d. h. solche Aktien, deren Übertragung an die Zustimmung der Gesellschaft gebunden ist, können ebenfalls als Kleinaktien ausgegeben werden.

Gegensatz: vinkulierte Namensaktien sind Rektapapiere; nicht vinkulierte Namensaktien sind Orderpapiere.

Die Namensaktien werden mit genauer Bezeichnung der Inhaber in das Aktienbuch der AG eingetragen:

a) **vinkulierte** Namensaktien sind solche Namensaktien, die ohne Zustimmung der AG auf andere nicht übertragen werden können;

b) **nicht vinkulierte** Namensaktien sind solche, bei denen die Übertragung auch ohne die Zustimmung der AG möglich ist.

Falls der Gesellschaftsvertrag keine besondere Bestimmung enthält, sind die Namensaktien nicht vinkuliert: die Übertragung geschieht im Wege des Indossamentes; vgl. Band 7 8.

Lombardierung von Aktien geschieht durch Pfandbestellung (Einigung und Übergabe der Aktie nebst Talon usw. an die Bank w. o. S. 8).

Sollen vinkulierte, auf den Namen lautende Kleinaktien übertragen werden, so ist die **Zustimmung** des Aufsichtsrates und der Generalversammlung erforderlich; die Übertragung kann nur in öffentlich beglaubigter Erklärung erfolgen.

Bei der **Herstellung** der einzelnen Aktien genügt zur Unterzeichnung eine mechanisch vervielfältigte Namensunterschrift; es ist also nicht notwendig, daß die Ausgebenden (Aussteller) ein jedes Exemplar selbst unterzeichnen.

Über die Entstehung der Verbindlichkeit gegen die AG herrscht Streit; Theorien: Band 7 1.

3. **Genußscheine** (Bonusscheine), d. h. Urkunden, deren Inhaber nur am Gewinne, nicht am Kapitalsverluste beteiligt sind, stellen sich nicht als Aktien dar.

4. Was der Aktionär leistet, fließt dem **Grundkapitale** zu; die Aktie symbolisiert also eine à fonds perdu gegebene **Einlage**, für deren Rückerstattung die AG dem Aktionär **prinzipiell nicht** verantwortlich ist (w. u. V 2).

Dagegen ist die **Obligation** eine Schuldurkunde über eine von der AG aufgenommene Anleihe; vgl. w. o. Seite 9 IV unter 2b).

IV. **Haftung** für Schädigung Dritter beim Gründungshergange:

1. Die Gründer sind der AG für die Richtigkeit und Vollständigkeit der Angaben, die sie in Ansehung der Zeichnung und Einzahlung des Grundkapitals, sowie der Feststellung zwecks Eintragung machen, als Gesamtschuldner verhaftet.

Von dieser Haftung ist ein Gründer nur dann **befreit**, wenn er die Unrichtigkeit und Unvollständigkeit der Angaben oder die bösliche Schädigung weder kannte, noch, wenn er die Sorgfalt eines ordentlichen Geschäftsmannes anwandte, kennen musste. Ebenso haften die Gründer für Ausfälle infolge der Zahlungsunfähigkeit eines Aktionärs, wenn ihnen diese bekannt war, als sie die Beteiligung des Aktionärs annahmen.

2. Die **Gründergenossen**, d. h. Personen, die bei Schädigungen mitgewirkt haben, oder Vergütungen, die nicht als Gründeraufwand bezeichnet worden sind, in Kenntnis der Verheimlichung empfangen haben, haften wie die Gründer.

Solche Personen, die durch öffentliche Ankündigungen entgegen der wahren Sachlage unrichtige Tatsachen behauptet haben, haften ebenfalls.

V. Die Aktiengesellschaft ist juristische Person; sie hat selbständige Rechte und Pflichten, sie kann Eigentum und andere dingliche Rechte an Grundstücken erwerben, vor Gerichte klagen und verklagt werden.

Die **Beschränkung** aus Einf-B 88 würde also nicht durchgreifen.

Die **Pflichten der Aktionäre** bestehen in der Leistung von Kapitalseinlagen, die so hoch sind, wie der Nennbetrag der Aktie oder wie der ev. höhere Ausgabepreis.

1. Die Aktionäre **können** durch den Gesellschaftsvertrag verpflichtet werden, wiederkehrende Leistungen, die **nicht** in Geld bestehen, an die AG zu bewirken, **falls** die Übertragung der Anteilsrechte an die Zustimmung der Gesellschaft gebunden ist; zB. Rübenaktionäre.

2. Was die Aktionäre an Einlagen geleistet haben, können sie **nicht** zurückfordern (w. o. III 4); während des Bestehens der Gesellschaft haben sie nur Anspruch auf den **Reingewinn**, falls nicht etwa auch dieser auf Grund des Gesetzes oder auf Grund des Gesellschaftsvertrages von der Verteilung ausgeschlossen ist.

a) Die **Gewinnanteile** bestimmen sich nach dem Verhältnisse der Aktienbeträge; jedoch kann auch von der Generalversammlung beschlossen werden, daß der Gewinn nicht verteilt, sondern einer **Reserve** zugeführt wird.

Der **Reservefonds** ist nicht aufgeschüttetes bares Geld, sondern ein Rechnungsposten. Vergleiche w. u. VI 3 c.

b) Ist die Gewinnverteilung beschlossen, dann erhält der Aktionär einen **Dividendenschein**, der ihn zur Erhebung des Gewinnes berechtigt.

3. Den Aktionären dürfen **Zinsen** weder versprochen noch ausbezahlt werden.

Bauzinsen, d. h. Vergütungen für denjenigen Zeitraum, den die Vorbereitungen des Unternehmens bis zum Anfange des vollen Betriebes erfordern, sind zulässig, denn sie sind nicht Zinsen, sondern eine **Vergütung** dafür, dass das Kapital zu einer Zeit geleistet wird, in welcher der volle Betrieb noch gar nicht begonnen hat: die Bauzinsen sind aber nicht Kapitalsrückzahlungen, denn der Aktienbetrag ist nicht eine Kapitalschuld, sondern eine Einlage.

4. Ausnahmsweise **haften** die Aktionäre **persönlich** für die Verbindlichkeiten der AG, soweit sie entgegen dem Gesetze Zahlungen von der AG empfangen haben; hat der Aktionär aber gutgläubig Gewinn oder Zinsen bezogen, so wird ihm eine Rückzahlungspflicht nicht auferlegt (B 812 ist also nicht anwendbar).

5. Der Aktionär hat die von ihm übernommenen Anteile rechtzeitig und voll **einzuzahlen**; geschieht dies nicht, dann kann dem säumigen Aktionär — abgesehen von Verzugszinsen und ev. Schadenersatzleistungen — eine Frist mit der Androhung bestimmt werden, daß er nach dem Ablaufe der Frist seines Anteilsrechtes und der geleisteten Einzahlungen verlustig geht.

Zahlt der Aktionär den auf die Aktie zu leistenden Betrag trotz der Aufforderung nicht ein, so ist er seines Anteilsrechtes und der geleisteten Einzahlungen zugunsten der AG **verlustig zu erklären**; für die bisherige Urkunde wird eine neue ausgegeben; — für den Ausfall, den die Gesellschaft daran erleidet, bleibt der ausgeschlossene Aktionär ihr verhaftet. — Für die Zahlung des eingeforderten Betrages haftet ausser dem ausgeschlossenen Aktionär sein letzter Rechtsvorgänger und ebenso jeder frühere Rechtsvorgänger, der im Aktienbuche verzeichnet ist.

6. Sind **mehrere Personen** an einer Aktie mitberechtigt, dann können sie ihre Ansprüche nur durch einen gemeinschaftlichen Vertreter ausüben; für die auf die Aktie zu bewirkenden Leistungen haften sie als Gesamtschuldner.

7. Der Aktiengesellschaft ist es grundsätzlich **nicht** erlaubt, ihre **eigenen** Aktien im regelmäßigen Geschäftsbetriebe zu erwerben oder als Pfand zu nehmen, weil darin eine Verringerung des Grundkapitals liegen würde.

Lässt sich eine AG nicht volleingezahlte eigene Aktien **schenken,** so verliert sie damit den Anspruch auf die von dem schenkenden Aktionär künftig zu leistenden Einzahlungen.

Ausnahmsweise ist der Erwerb eigener Aktien gestattet, wenn es sich um eine **Einkaufskommission** handelt, zB. wenn der Dresdener Bank von einem Kunden der Auftrag gegeben wird, für ihn Aktien dieser Bank zu erwerben.

Amortisationen von Aktien, d. h. ihre Einziehung, sind nur statthaft, wenn sie im Gesellschaftsvertrage angeordnet oder gestattet sind. Eine Einziehung darf, falls es sich nicht um die nur unter bestimmten Voraussetzungen zulässige Herabsetzung des Grundkapitals handelt, nur aus dem verfügbaren Gewinn erfolgen, H 227, Abs. 2.

8. Sind Aktien oder Interimsscheine abhanden gekommen oder vernichtet worden, so können sie, mangels gegenteiliger Bestimmung, durch ein **Aufgebotsverfahren** für kraftlos erklärt werden; vgl. Band 9 48.

a) Ist eine Aktie durch **Beschädigung** oder Verunstaltung zum Umlaufe nicht mehr geeignet, dann kann der Berechtigte, falls der wesentliche Inhalt und die Unterscheidungsmerkmale der Urkunde noch erkennbar sind, auf seine Kosten von der Gesellschaft gegen Aushändigung der beschädigten oder verunstalteten Urkunde die Erteilung einer neuen verlangen.

b) Wenn **neue Gewinnanteilscheine** seitens desjenigen verlangt werden, der den Talon, d. h. den Erneuerungsschein, in Händen hat, so dürfen sie ihm nicht gegeben werden, wenn ein anderer im Besitze der Aktie oder des Interimsscheins ist und der Ausgabe widerspricht. In diesem Falle bekommt der Besitzer der Aktie oder des Interimsscheines die Gewinnanteilscheine, wenn er die Hauptkurkunde vorlegt.

VI. Die AG hat **drei Organe:** Vorstand, Aufsichtsrat, Generalversammlung.

1. Der **Vorstand** vertritt die AG gerichtlich und außergerichtlich. Er kann aus einer oder mehreren Personen bestehen.

Die Bestellung zum Vorstandsmitgliede kann jederzeit widerrufen werden (vorbehaltlich der Gehaltsansprüche).

a) **Willenserklärungen,** die für die AG abgegeben werden sollen, bedürfen, mangels anderer Bestimmung im Gesellschaftsvertrage, der Mitwirkung sämtlicher Mitglieder des Vorstandes; jedoch kann der Vorstand einzelne Mitglieder zur Vornahme bestimmter Geschäfte oder bestimmter Arten von Geschäften ermächtigen.

Ist eine Willenserklärung der AG gegenüber abzugeben, so genügt die Abgabe gegenüber einem Mitgliede des Vorstandes.

b) Der Vorstand zeichnet die Firma in der Weise, daß er der Firma seine Namensunterschrift beifügt.

c) Jede Änderung des Vorstandes oder seiner Vertretungsbefugnis ist durch den Vorstand zur Eintragung in das Handelsregister anzumelden.

d) Der Vorstand kann durch den Gesellschaftsvertrag oder durch die Beschlüsse der Generalversammlung in bezug auf die Vertretungsbefugnis **beschränkt** werden.

Der AG gegenüber ist er verpflichtet, diese Beschränkung einzuhalten; Dritten gegenüber ist die Beschränkung der Vertretungsbefugnis des Vorstandes unwirksam: dies gilt insbesondere von den Fällen, wo die Vertretung sich nur auf gewisse Geschäfte oder gewisse Arten von Geschäften erstrecken soll.

e) **Konkurrenzverbot:** die Mitglieder des Vorstandes dürfen ohne Einwilligung der AG weder ein Handelsgewerbe betreiben noch in dem Handelszweige der AG für eigene oder fremde Rechnung Geschäfte machen.

Ebensowenig dürfen sie sich an einer anderen Handelsgesellschaft als persönlich haftende Gesellschafter beteiligen. Die Gesellschaft hat deswegen Anspruch auf Schadensersatz oder das Recht, in jene Geschäfte einzutreten.

f) Die Bestellung eines **Prokuristen** kann, falls der Gesellschaftsvertrag oder die Generalversammlung nichts bestimmt, durch den Vorstand nur mit Zustimmung des Aufsichtsrates erfolgen.

g) Der Vorstand hat bei seiner Geschäftsführung die **Sorgfalt** eines ordentlichen Geschäftsmannes anzuwenden; er hat Sorge zu tragen, daß die erforderlichen Bücher der Gesellschaft geführt werden; im Falle des Konkurses treffen ihn die dafür bestimmten Strafen.

Wenn bei der Aufstellung der Bilanz sich **Verluste** ergeben, welche die Hälfte des Grundkapitals erreichen, dann hat der Vorstand unverzüglich eine Generalversammlung zu berufen und dieser Anzeige zu erstatten.

Sobald **Zahlungsunfähigkeit** der Gesellschaft eintritt, hat der Vorstand die Konkurseröffnung zu beantragen; dies hat er auch dann zu tun, wenn sich bei der Aufstellung der Bilanz ergeben sollte, dass das Vermögen nicht mehr die Schulden deckt. Vgl. Band 10 33.

2. Der **Aufsichtsrat** ist Kontrollorgan der Gesellschaft. Der Aufsichtsrat besteht aus mindestens drei Mitgliedern, die von der Generalversammlung gewählt werden. Der erste Aufsichtsrat wird auf ein Jahr, jeder spätere für nicht länger als fünf Jahre gewählt. Jede Änderung in den Personen des Aufsichtsrates hat der Vorstand unverzüglich bekanntzumachen und beim Handelsregister einzureichen.

Wenn die Mitglieder des Aufsichtsrates für ihre Tätigkeit eine **Vergütung** erhalten, die in einem Anteile am Jahresgewinne besteht, dann ist dieser vom Reingewinn nach Abzug aller Abschreibungen, Rücklagen und einer Dividende von mindestens 4% zu berechnen (Tantieme).

a) Der Aufsichtsrat hat die Geschäftsführung der AG in allen Zweigen der Verwaltung zu **überwachen** und sich zu diesem Zwecke von dem Stande der Gesellschaftsangelegenheiten zu informieren. Er kann sich jederzeit vom Vorstande darüber Bericht erstatten lassen, die Bücher und Schriften der AG einsehen und den Bestand der Kasse, der Wertpapiere und Waren untersuchen.

b) Der Aufsichtsrat **prüft** die Jahresrechnung, die Bilanz und die Vorschläge zur Gewinnverteilung und berichtet der Generalversammlung darüber.

Wenn es im Interesse der Gesellschaft erforderlich ist, kann er eine Generalversammlung berufen.

Der Aufsichtsrat kann seine Obliegenheiten anderen Personen nicht übertragen; wer Mitglied des Aufsichtsrates ist, kann weder Mitglied des Vorstandes noch Beamter der Gesellschaft sein. Nur in Behinderungsfällen kann ein Vorstandsmitglied durch ein Aufsichtsratsmitglied vertreten werden, letzteres darf aber dann seine Funktion im Aufsichtsrate nicht ausüben.

c) Die Mitglieder des Aufsichtsrates haben die **Sorgfalt** eines ordentlichen Geschäftsmannes anzuwenden und machen sich für Verletzungen dieser Pflichten verantwortlich.

3. Die **Generalversammlung** ist dasjenige Organ der AG, in welchem die Aktionäre durch Beschlußfassung die Rechte ausüben, die ihnen in den Angelegenheiten der AG, insbesondere in bezug auf die Führung der Geschäfte, zustehen.

a) Die Beschlüsse der Generalversammlung werden mit einfacher Stimmenmehrheit gefaßt; jede Aktie gewährt das Stimmrecht, und zwar nach dem Betrage der Aktien.

Hat ein Aktionär **mehrere Aktien,** so kann hierfür das Stimmrecht in gewisser Weise (durch Festsetzung eines Höchstbetrages oder durch Abstufung) beschränkt werden; es ist zulässig, dass bei verschiedenen **Gattungen** von Aktien einer Gattung ein höheres Stimmrecht als der anderen beigelegt wird. Beispiele von Gattungen: Stammprioritäten, Prioritäten, junge Aktien usw.

Wer selbst an einer Angelegenheit beteiligt ist, darf darüber nicht mitstimmen.

Das Stimmrecht kann auch durch einen Bevollmächtigten ausgeübt werden. Die Vollmacht ist schriftlich. Häufig wird auch angeordnet, dass zur Ausübung des Stimmrechtes die Aktien bis zu einem bestimmten Zeitpunkt hinterlegt werden.

b) Der Vorstand **beruft** die Generalversammlung in den vom Gesetze oder Vertrage bestimmten Fällen sowie stets dann, wenn das Interesse der Gesellschaft es erfordert.

Kraft Gesetzes oder Vertrages kann in gewissen Fällen auch der Aufsichtsrat die Generalversammlung berufen.

Eine **Aktionärfraktion**, deren Anteile zusammen den zwanzigsten Teil des Grundkapitals erreichen, hat ein Recht auf Berufung der Generalversammlung. Wird auf schriftliches Verlangen der Aktionärfraktion weder vom Vorstande noch vom Aufsichtsrate die Generalversammlung berufen, dann können die Aktionäre sich an das **Gericht** wenden, und dieses beschliesst dann, dass die Aktionäre zur Berufung der Generalversammlung ermächtigt werden. Insbesondere kann das Gericht auch gleichzeitig Bestimmungen über den Vorsitz in der Versammlung treffen.

Die Beschlüsse der Generalversammlung sind durch ein gerichtlich oder notariell aufgenommenes Protokoll zu beurkunden.

c) Die Generalversammlung **beschließt** über die Genehmigung der Jahresbilanz, die Gewinnverteilung und die Entlastung des Vorstandes und des Aufsichtsrates; ferner über die Gründung eines Reservefonds zwecks Deckung eines aus der Bilanz sich ergebenden Verlustes (w. o. V 2 a).

Mit einfacher Stimmenmehrheit kann die Generalversammlung die Verhandlung über die Genehmigung der Bilanz vertagen oder die Bestellung von Revisoren zur Prüfung des Gründungsgeschäftes, der Geschäftsführung oder der Bilanz beschließen.

Beschlüsse der Generalversammlung können wegen Verletzung der Gesetze oder des Gesellschaftsvertrages im Prozesswege angefochten werden, und zwar binnen einem Monate.

α) **Anfechtungsberechtigt** sind: der Vorstand bei strafbaren Beschlüssen oder bei solchen, die eine Haftung gegenüber den Gesellschaftsgläubigern begründen würden, jedes Mitglied des Vorstandes und des Aufsichtsrates; ferner derjenige Aktionär, der entweder in der Generalversammlung erschienen war und seinen Widerspruch zu Protokoll erklärt hat, oder der nicht erschienen war, sofern er unberechtigterweise von der Versammlung ferngehalten ist, oder sofern die Versammlung nicht gehörig berufen war.

β) Die Klage richtet sich gegen die AG; diese wird durch den Vorstand oder, falls der Vorstand selber klagt, durch den Aufsichtsrat vertreten.

γ) Das Urteil, welches den Beschluss für nichtig erklärt, wirkt auch für und gegen die Aktionäre, die **nicht** Partei sind (Gestaltungsklage).

δ) Ist die Klage seitens der Kläger böslich gegen die Gesellschaft erhoben, dann **haften** sie für den Schaden, welcher der Gesellschaft durch die unbegründete Anfechtung entsteht, als Gesamtschuldner.

VII. Der Gesellschaftsvertrag kann nur durch Beschluß der Generalversammlung **abgeändert** werden; rein redaktionelle Änderungen kann die Generalversammlung dem Aufsichtsrate übertragen.

Falls der Gesellschaftsvertrag andere Bestimmungen nicht enthält, bedürfen Abänderungen des **Gesellschaftsvertrages** einer Mehrheit, die mindestens **drei Viertel** des bei der Beschlussfassung vertretenen Grundkapitals umfasst. Soll der **Gegenstand** des Unternehmens abgeändert werden, so ist dieselbe Majorität erforderlich.

1. Das **Grundkapital** kann durch Ausgabe neuer Aktien **erhöht** werden; dies soll aber nicht geschehen, bevor das bisherige Kapital voll eingezahlt ist.

Die **Zeichnung** der **neuen** Aktien geschieht durch Zeichnungsschein; jedem Aktionär muss auf sein Verlangen ein seinem Anteile am bisherigen Grundkapitale entsprechender Teil der neuen Aktien zugeteilt werden, falls nicht von der Generalversammlung etwas anderes hierüber beschlossen worden ist.

2. Eine **Herabsetzung** des Grundkapitals kann nur mit einer Mehrheit von mindestens drei Vierteln des bei der Beschlußfassung vertretenen Grundkapitals beschlossen werden.

a) Der Beschluss muss auch darüber Aufschluss geben, zu **welchem Zwecke** die Herabsetzung stattfindet, insbesondere, ob sie zurzeit wegen Rückzahlung an die Aktionäre erfolgt, und in welcher Weise diese Massregel auszuführen ist.

b) Der Vorstand hat unter Hinweis auf einen solchen Beschluss und nachdem die Eintragung dieses Beschlusses ins Register erfolgt ist, die Gesellschaftsgläubiger **aufzufordern**, ihre Ansprüche anzumelden. — Wenn sich **Gläubiger**, deren Forderungen vor der letzten öffentlichen Aufforderung begründet sind, melden, um Befriedigung oder Sicherheit zu erhalten, dann ist ihnen diese zu gewähren. — Erst wenn dies alles geschehen und seit der letzten öffentlichen Aufforderung **ein Jahr** (Sperrjahr) verstrichen ist, dann dürfen Zahlungen an die Aktionäre erfolgen.

3. Wenn zum Zwecke der Herabsetzung des Grundkapitals die Zahl der Aktien durch **Zusammenlegung**, Umtausch oder Stempelung vermindert oder verändert werden soll, dann fordert die AG die Aktionäre auf, die Aktien bei ihr einzureichen. Wenn die Aktionäre dieser Aufforderung **nicht** Folge leisten, dann kann die AG die nicht eingereichten Aktien **für kraftlos erklären.**

VIII. Die Aktiengesellschaft wird **aufgelöst:**

1. durch den Ablauf der im Gesellschaftsvertrage bestimmten Zeit;

2. durch Beschluß der Generalversammlung mit einer Mehrheit von drei Vierteln des bei der Beschlußfassung vertretenen Grundkapitals;

3. durch die Eröffnung des Konkurses über das Vermögen der AG;

4. aus anderen Gründen, z. B. Auflösung im öffentlichen Interesse oder wegen Amortisation aller Aktien.

Die **Eintragung** der Auflösung ins Handelsregister erfolgt im Falle des Konkurses von Amtswegen, in den übrigen Fällen hat der Vorstand die Auflösung anzumelden.

Im Falle des Konkurses greift K 207 (vgl. Band 10 33) durch; in den übrigen Fällen findet eine **Liquidation** statt, bei der die Liquidatoren in ähnlicher Weise wie bei der OHG das Vermögen flüssig zu machen haben und die Gläubiger befriedigen.

Die Liquidation erfolgt durch die Mitglieder des **Vorstandes** als geborene Liquidatoren, jedoch kann der Gesellschaftsvertrag etwas anderes bestimmen, die Generalversammlung andere Personen wählen. — Auf Antrag des Aufsichtsrates oder einer Aktionärfraktion kann das zuständige Amtsgericht die Liquidatoren ernennen. — Bleibt nach Berichtigung der Schulden noch **Vermögen** übrig, so wird es unter die Aktionäre nach dem Verhältnisse der Aktienbeträge verteilt. Die Verteilung darf jedoch erst dann erfolgen, wenn seit der dritten öffentlichen Aufforderung an die Gläubiger ein **Sperrjahr** abgelaufen ist.

Soll das Vermögen der Gesellschaft durch **Veräußerung im ganzen** verwertet werden, dann ist hierzu eine Dreiviertelmehrheit des vertretenen Grundkapitals erforderlich; mit diesem Beschlusse tritt, falls nicht die Gesellschaft ohnedies aufgelöst ist, die Auflösung ein.

Fusion. Erleichterte Vorschriften gelten für den Fall, dass das Vermögen einer AG als Ganzes auf eine andere AG oder eine KAG übertragen werden soll, gegen Gewährung von Aktien der übernehmenden Gesellschaft; hier kann bestimmt werden, dass eine Liquidation des Vermögens der aufgelösten Gesellschaft nicht stattfindet — Verstaatlichung ist der Erwerb aller Aktien durch den Staat; Verstadtlichung: Erwerb durch eine Stadtkommune.

IX. **Nichtigkeitsverfahren.** Fehlen im Gesellschaftsvertrage wesentliche Bestimmungen, oder sind einzelne der getroffenen Bestimmungen nichtig, dann kann jeder Gesellschafter und jedes Mitglied des Vorstandes und des Aufsichtsrates im Wege der Klage beantragen, daß die Gesellschaft für nichtig erklärt werde.

Ist die Nichtigkeit ins Handelsregister eingetragen, dann werden die Gesellschaftsverhältnisse ebenso wie im Falle einer Auflösung **liquidiert.** Rechtsgeschäfte, die im Namen der Gesellschaft mit dritten Personen vorgenommen sind, bleiben wirksam; die Nichtigkeit übt also hierauf keinen Einfluss aus. — Ebenso haben die Gesellschafter die versprochenen Einzahlungen zu leisten, soweit es zur Erfüllung der eingegangenen Verbindlichkeiten erforderlich ist.

§ 24. **Kommanditgesellschaft auf Aktien** ist eine Handelsgesellschaft von Komplementären (auch Geschäftsinhaber genannt) und Kommanditisten, deren Grundkapital in Aktien zerlegt ist, und bei der die Einlagen der Kommanditisten als **Aktien** übernommen werden.

Während die KAG früher der KG nachgebildet war, ist sie nunmehr der AG angegliedert.

I. Für die Stellung der **Komplementäre** gelten dieselben Vorschriften wie bei der KG (w. o. S. 28); im übrigen sind die Vorschriften über die AG anzuwenden.

II. Der **Gesellschaftsvertrag** ist in gerichtlich oder notariell beurkundeter Form von mindestens fünf Personen festzustellen; die Komplementäre müssen hierbei mitwirken, die anderen Teilnehmer müssen Kommanditisten sein.

1. Die Aufgaben, die bei der AG dem Vorstande zufallen, zB. Anmeldungen, Einberufung der Generalversammlung, Aufstellung der Bilanz usw., sind hier den **Komplementären** übertragen. Für die Komplementäre gilt auch das Konkurrenzverbot (w. o. S. 26).

2. In der Generalversammlung haben die Komplementäre selbst dann **kein** Stimmrecht, wenn sie Aktien besitzen. Andererseits aber bedürfen diejenigen **Beschlüsse** der Generalversammlung, bei denen (im Falle einer KG) das Einverständnis der persönlich haftenden Gesellschafter und der Kommanditisten erforderlich wäre, der Zustimmung der Komplementäre (vgl. H 327 $_2$, 163).

3. Organ für die Durchführung der Beschlüsse der Generalversammlung ist der **Aufsichtsrat**, soweit nicht im Gesellschaftsvertrage etwas anderes bestimmt ist.

III. Wird nach Abschluß der Bilanz ein **Gewinn** ermittelt, so wird er zunächst (nach Maßgabe des Gesellschaftsvertrages) unter die Aktionäre verteilt; ergibt sich nun für die Komplementäre noch ein Gewinn, der nicht auf ihre Aktien fällt, so hat die Auszahlung zu unterbleiben, falls eine Unterbilanz vorhanden ist, die ihre nicht in Aktien bestehenden Kapitalsanteile übersteigt.

IV. Die **Auflösung** der KAG richtet sich, ebenso wie das Ausscheiden eines Komplementärs, nach den Vorschriften über die KG; jedoch gelten hierfür noch die folgenden Besonderheiten.

1. Wird über das Vermögen eines Kommanditisten **Konkurs** eröffnet, so hat dies nicht die Auflösung der KAG zur Folge; ebensowenig sind die Gläubiger eines Kommanditisten berechtigt, die KAG zu kündigen.

2. Soll die Gesellschaft von den Kommanditisten **gekündigt** werden, oder sollen diese zur Auflösung der KAG ihre Zustimmung geben, dann ist ein Beschluss der Generalversammlung erforderlich, der mit einer Mehrheit von drei Vierteln des vertretenen Grundkapitals zu fassen ist.

Ein Komplementär kann aus der Gesellschaft **ausgeschlossen** werden, wenn ein wichtiger Grund vorliegt; sonst darf er nur dann ausscheiden, wenn dies im Gesellschaftsvertrage für zulässig erklärt ist.

Findet eine **Liquidation** der KAG statt, dann sind die Komplementäre und ferner eine oder mehrere von der Generalversammlung gewählte Personen Liquidatoren.

V. **Umwandlung** der KAG in eine AG. Erforderlich ist ein Beschluß der Generalversammlung und aller Komplementäre.

1. Nach der Eintragung dieses Beschlusses in das Handelsregister hat der Vorstand unverzüglich die Bilanz zu **veröffentlichen** und unter Hinweis auf die Umwandlung die Gläubiger der KAG aufzufordern, ihre Ansprüche anzumelden. Diese Aufforderung ist in den Gesellschaftsblättern dreimal zu veröffentlichen; bekannte Gläubiger sind durch besondere Mitteilung zur Anmeldung aufzufordern. Melden sich Gläubiger, deren Forderungen bereits vor der letzten öffentlichen Aufforderung begründet sind, mit ihren Ansprüchen, so ist ihnen die verlangte Befriedigung oder Sicherung zu gewähren.

2. Für die Beobachtung dieser Vorschriften **haften** den Gläubigern die Mitglieder des Vorstandes und des Aufsichtsrates, und zwar die Mitglieder des Aufsichtsrates insoweit, als eine Zuwiderhandlung mit ihrem Wissen und ohne ihr Einschreiten erfolgt ist.

§ 25. **Stille Gesellschaft** ist die unter beschränkter Haftung erfolgende Beteiligung einer Person (auch eines Nichtkaufmannes) am Handelsgewerbe eines anderen, wenn die Beteiligung mit einer Vermögenseinlage und in der Art geschieht, daß dies nach außen nicht erkennbar ist.

Gegensatz: Die **stG** besteht auch an nicht vertretbaren Sachen, gewährt keine Zinsen, bedingt Teilnahme an Gewinn und Verlust, kann nur als Beteiligung an einem Handelsgewerbe erfolgen; — das **Darlehn** (Band 2 36) ist nur an vertretbaren Sachen möglich, kann verzinslich sein, die ganze Summe ist ohne Rücksicht auf Verluste zurückzuerstatten, das Darlehn kann an jedermann gewährt werden.

Die **stG** wurde früher in dem (jetzt gestrichenen) Buch III des H behandelt; sie ist jetzt an den Schluss von Buch II gesetzt worden. Die Überschrift von Buch II lautet: „Handelsgesellschaften **und** stille Gesellschaft“, weil man die stG mangels einer Firma **nicht** als Handelsgesellschaft anerkennt. — Beim B, Buch IV, Abschnitt 3 hat man diese Pedanterie nicht geübt, sondern in der Überschrift „Vormundschaft“ die Vormundschaft und Pflegschaft zusammengefasst.

I. So viel stille Gesellschafter, so viel stille Gesellschaften.

II. Der Inhaber des Handelsgewerbes ist aus den im Betriebe abgeschlossenen Geschäften **allein** berechtigt und verpflichtet.

1. Der stille Gesellschafter hat die Einlage so zu leisten, daß sie in das Vermögen des Inhabers übergeht; wenn nicht bestimmt ist, welcher Anteil an Gewinn und Verlust auf den stillen Gesellschafter entfällt, dann gilt ein den Umständen nach angemessener Anteil als bedungen. **Die Gewinnbeteiligung** kann nicht ausgeschlossen werden; dagegen kann bestimmt sein, daß der stille Gesellschafter **nicht** am Verluste beteiligt sein soll.

Am Schlusse eines jeden Geschäftsjahres wird der Gewinn und Verlust **berechnet**; der Gewinn, der auf den stillen Gesellschafter entfällt, wird ihm ausbezahlt. Am Verluste nimmt der stille Gesellschafter nur entsprechend der Höhe seiner Einlage teil, gleichviel ob er sie schon voll eingezahlt hat oder noch damit im Rückstande ist. Eine Nachschusspflicht besteht **nicht**.

2. Der stille Gesellschafter ist nicht verpflichtet, den bezogenen Gewinn wegen späterer Verluste **zurückzuzahlen**; ist jedoch durch Verluste seine Einlage vermindert worden, dann wird der weiterhin erzielte jährliche Gewinn zur Deckung des Verlustes verwendet. Erhebt dagegen der stille Gesellschafter seinen Gewinn nicht, so wird dadurch mangels anderer Vereinbarung seine Einlage **nicht** vermehrt.

Um festzustellen, wie das Gesellschaftsverhältnis liegt, kann der stille Gesellschafter die Mitteilung einer Abschrift der **Bilanz** verlangen und ihre Richtigkeit durch Einsicht in die Bücher und Papiere prüfen.

III. Durch den **Tod** des stillen Gesellschafters wird die Gesellschaft nicht gelöst (vgl. dagegen B 727). Die **Kündigung** kann in gleicher Weise wie bei der OHG erfolgen, ferner auch aus einem wichtigen Grunde. — Durch den Tod des Inhabers oder seinen Konkurs, ferner durch Zeitablauf wird die stG gelöst.

1. Ist die stille Gesellschaft **aufgelöst**, dann hat sich der Inhaber mit dem stillen Gesellschafter **auseinanderzusetzen** und dessen Guthaben in Geld zu berichtigen.

Die zur Zeit der Auflösung schwebenden Geschäfte werden vom Inhaber abgewickelt; der stille Gesellschafter nimmt auch bei diesen Geschäften an Gewinn und Verlust teil.

2. Gerät der Inhaber des Handelsgeschäftes in **Konkurs**, so kann der stille Gesellschafter wegen der Einlage, soweit der Betrag seinen Verlustanteil übersteigt, seine Forderung als **Konkursgläubiger** (Band 10 29) geltend machen; er hat einen Sicherungsanspruch ohne besondere Anfechtung.

a) Ist die Einlage **noch rückständig**, so hat der stille Gesellschafter bis zu dem Betrage, der zur Deckung seines Anteils am Verluste erforderlich ist, die Einlage zur Konkursmasse nachzuzahlen.

b) Ist auf Grund einer Vereinbarung, die im **letzten** Jahre vor der Konkurseröffnung zwischen dem Inhaber und dem stillen Gesellschafter getroffen ist, diesem die Einlage ganz oder teilweise zurückgewährt worden oder sein Verlustanteil ganz oder teilweise erlassen worden, so kann der Konkursverwalter die Rückgewähr oder den Erlass **anfechten**, und zwar gleichviel, ob die stille Gesellschaft bei jener Vereinbarung aufgelöst wurde oder nicht. Dagegen ist die Anfechtung dann ausgeschlossen, wenn der Konkurs in Umständen begründet ist, die erst **nach** jener Vereinbarung eingetreten sind.

§ 26. **Gesellschaft mit beschränkter Haftung** ist eine von mindestens zwei Personen (auch Nichtkaufleuten) begründete Vereinigung **mit juristischer Persönlichkeit**, deren Mitglieder am Stammkapitale mit (gleichen oder ungleichen) Stammeinlagen beteiligt sind, und zwar derart, daß sie **nur** mit diesen Einlagen haften.

Geschichte. Die GmbH ist (auf Vorschlag des Abgeordneten Hammacher) nach dem Muster der Gewerkschaften und Kolonialgesellschaften eingerichtet worden, um die Vorzüge der AG einer Gesellschaft mit kleinerem Kapital bei leichter Begründbarkeit, ohne Bilanzpublizität, ohne die vielen Erschwerungen bezüglich Begründung und Abänderung zuteil werden zu lassen.

1. **Gesetz**, betreffend die Gesellschaften mit beschränkter Haftung, vom 20. April 1892; abgeändert durch Einf-H 11. Bekanntmachung des neuen Textes auf Grund von Einf-H 13 durch den Reichskanzler am 20. Mai 1898; in Kraft am 1. Januar 1900.

2. **Legalordnung**:

1. Abschnitt: Errichtung der Gesellschaft, Gb 1—12.
2. Abschnitt: Rechtsverhältnisse der Gesellschaft und der Gesellschafter, Gb 13—34.
3. Abschnitt: Vertretung und Geschäftsführung, Gb 35—52.
4. Abschnitt: Abänderungen des Gesellschaftsvertrages, Gb 53—59.
5. Abschnitt: Auflösung und Nichtigkeit der Gesellschaft, Gb 60—77.
6. Abschnitt: Schlussbestimmungen, Gb 78—84.

I. Die **Errichtung** der GmbG kann zu jedem erlaubten Zwecke erfolgen; verboten dagegen zB. für religiöse Vereine oder Gesellschaften (siehe w. o. Seite 29).

1. Der **Gesellschaftsvertrag** ist gerichtlich oder notariell zu beurkunden (Band 1 22) und von allen Gesellschaftern zu unterzeichnen.

Wesentlicher Inhalt: **1**. die Firma und der **Sitz** der G, **2**. der Gegenstand des Unternehmens, **3**. der Betrag des Stammkapitals, **4**. der Betrag der von jedem Gesellschafter auf das Stammkapital zu leistenden Einlage (Stammeinlage); **eventuell 5**. Begrenzung auf Zeit oder Auferlegung anderer Verpflichtungen, als lediglich die Kapitaleinlage zu leisten.

2. Das **Stammkapital** muß mindestens 20000 Mark betragen; die Stammeinlage eines jeden Gesellschafters mindestens 500 Mark.

Es ist daher zu unterscheiden: **Stammeinlage** ist der Geschäftsanteil im Augenblicke der Gründung; **Geschäftsanteil** ist derjenige Betrag, welcher der aktuellen Beteiligung des Gesellschafters am Gesellschaftsvermögen entspricht, d. h. also: verändert durch Gewinne und Verluste.

a) Kein Gesellschafter kann bei der Errichtung der GmbH **mehrere** Stammeinlagen übernehmen; jedoch bleibt die G bestehen, wenn sich die Stammeinlagen **später** in einer Hand vereinigen.

b) Der Betrag der Stammeinlage kann für den einzelnen Gesellschafter verschieden bestimmt sein; der Betrag muss in Mark durch hundert teilbar sein.

c) Das Stammkapital muss mit dem Gesamtbetrage der Stammeinlagen übereinstimmen.

3. Die **Anmeldung** der GmbH zur Eintragung in das Handelsregister (bei dem Gerichte, in dessen Bezirke sie ihren Sitz hat) darf nur erfolgen, nachdem von jeder Stammeinlage, soweit nicht andere als in Geld zu leistende Einlagen auf das Stammkapital gemacht sind, ein Viertel, mindestens aber der Betrag von 250 Mark eingezahlt ist. Der Betrag muß zur freien Verfügung der Geschäftsführer stehen.

Die Anmeldung der G zur Eintragung erfolgt durch alle Gesellschafter unter Vorlegung des Gesellschaftsvertrages.

a) **Wirkungen** der Eintragung: mit der Eintragung ist die GmbH als juristische Person entstanden.

Vor der Eintragung besteht die GmbH als solche nicht. — Ist vor der Eintragung im Namen der G **gehandelt** worden, so **haften** die Handelnden persönlich und als Gesamtschuldner.

b) Die **Firma** der GmbH ist Sachfirma, d. h. vom Gegenstande des Unternehmens entlehnt, oder Personenfirma (die Namen der Gesellschafter oder den Namen wenigstens eines Gesellschafters mit einem das Vorhandensein eines Gesellschaftsverhältnisses andeutenden Zusatze).

Beibehaltung der Firma eines auf die G übergegangenen Geschäftes möglich. Siehe w. o. Seite 12.

II. Für die Verbindlichkeiten der GmbH haftet ihren Gläubigern **nur** das Gesellschaftsvermögen. — Die Geschäftsanteile sind veräußerlich und vererblich. — Eine **Nachschußpflicht** kann durch den Gesellschaftsvertrag angeordnet werden. — Eine **Amortisation** von Geschäftsanteilen darf nur erfolgen, soweit sie im Gesellschaftsvertrage zugelassen ist.

Die G wird bezeichnet als Gesellschaft mit beschränkter **Haftung**, d. h. der einzelne Gesellschafter haftet nicht gegenüber einem Gläubiger, nur der Gesellschaft selbst, nur mit einer im Gesellschaftsvertrage bestimmten Summe. — **Haftpflicht** (w. u. § 27) lässt dagegen einen **unmittelbaren Angriff** des Gläubigers zu und kann **unbeschränkt sein.**

III. Die GmbH wird durch den (oder die) Geschäftsführer gerichtlich und außergerichtlich **vertreten.** Die Bestellung der Geschäftsführer ist zu jeder Zeit **widerruflich**; jedoch ist eine Entschädigung zu leisten.

1. **Pflichten** der Geschäftsführer: a) im Januar eine Liste der Gesellschafter ans Gericht zu senden (bzw. Negativattest); b) Buchführung und Bilanz; c) Sorgfalt eines ordentlichen Geschäftsmannes.

2. Die **Versammlung** der Gesellschafter ist ein Organ zur Beschlußfassung über gewisse wichtige Fragen.

3. Ein **Aufsichtsrat** kann (muß nicht) bestellt werden.

IV. **Abänderungen** des Gesellschaftsvertrages erfolgen durch gerichtlich oder notariell beurkundeten Beschluß der Gesellschafter mit drei Vierteilen der abgegebenen Stimmen: je 100 M. einer Stammeinlage gewähren eine Stimme.

V. Die **Auflösung** erfolgt durch: 1. Zeitablauf; 2. Beschluß der Gesellschafter mit drei Viertel Mehrheit der abgegebenen Stimmen; 3. Konkurseröffnung (Band 10 33); 4. gerichtliches Urteil infolge einer Auflösungsklage seitens der Gesellschafter (**ausschließliche** Zuständigkeit des Landgerichtes); 5. Auflösung durch Entscheidung des Verwaltungsgerichtes oder der Verwaltungsbehörde bei Gefährdung des Gemeinwohles.

Nichtigkeitsverfahren. Enthält der Gesellschaftsvertrag nicht die wesentlichen Bestimmungen, oder ist eine dieser Bestimmungen nichtig, so kann jeder Gesellschafter, jeder Geschäftsführer und, wenn ein Aufsichtsrat bestellt ist, jedes Mitglied des Aufsichtsrates im Wege der Klage beantragen, dass die Gesellschaft für **nichtig** erklärt werde.

§ 27. **Eingetragene Genossenschaft** ist eine Gesellschaft von **nicht geschlossener Mitgliederzahl**, welche die Förderung des Erwerbes oder der Wirtschaft ihrer Mitglieder mittelst **gemeinschaftlichen** Geschäftsbetriebes unter gemeinsamer Firma bezweckt; — **zB.** Vorschußverein, Kreditverein, Absatzgenossenschaft, Konsumverein, Produktivgenossenschaft, Verein zur Herstellung von Wohnungen, Sparkasse.

Geschichte: die Genossenschaften verdanken ihre Entstehung dem Bedürfnisse nach Selbsthilfe durch Assoziation. **1.** Für die Landwirtschaft: Friedrich Wilhelm **Raiffeisen**, 30. 3. 1818—11. 3. 1888, Bürgermeister a. D. in Heddesdorf bei Neuwied am Rhein. **2.** Für die Handwerker: Hermann **Schulze-Delitzsch**, 29. 8. 1808—29. 4. 1883, Kreisrichter a. D. in Potsdam.

Gesetzgebung: Gesetz vom **1. Mai 1889**: hierzu folgende Abänderungen: **1.** Gesetz, betr. die Abänderung des Gesetzes v. 1. 5. 89 sowie den Geschäftsbetrieb von Konsumanstalten, vom **12. August 1896**: Einfügung von Strafbestimmungen, Ausdehnung der für Konsumvereine und deren Mitglieder geltenden Beschränkungen auf Konsumanstalten und Vereinigungen, Ausschliessung der Gewinnverteilung und der Vermögensverteilung bei Auflösung der Genossenschaft. — **2.** Durch **Einf-H 10** verschiedene Änderungen mit Rücksicht auf das B sowie Einführung des Nichtigkeitsverfahrens. — Gemäss Einf-H 13 **Bekanntmachung** des neuen Textes durch den Reichskanzler am 20. Mai 1898.

Legalordnung: Das Gn hat zehn Abschnitte: **1.** Errichtung der Gn, Gn 1—16; **2.** Rechtsverhältnisse der Gn und der Genossen, Gn 17—23; **3.** Vertretung und Geschäftsführung, Gn 24—52; **4.** Revision, Gn 53—64; **5.** Ausscheiden einzelner Genossen, Gn 65—77; **6.** Auflösung und Nichtigkeit der Gn, Gn 78—97; **7.** Konkursverfahren und Haftpflicht der Genossen, Gn 98—118; **8.** Besondere Bestimmungen, Gn 119—145; **9.** Strafbestimmungen, Gn 146—161; **10.** Schlussbestimmungen.

I. Unterscheidungen nach der Art der Haftung:

1. **eingetragene Genossenschaft mit unbeschränkter Haftpflicht:** die Genossen haften unmittelbar und mit ihrem ganzen Vermögen für die Schulden der Gn den Gn-Gläubigern **und** gegenüber der Gn selbst; — hier kann ein nichtbefriedigter Gn-Gläubiger sich an den einzelnen Genossen halten, wenn im Konkurse drei Monate seit Vollstreckbarmachung der Nachschußberechnung (vgl. w. u. Seite 47) verflossen sind.

2. **eingetragene Genossenschaft mit unbeschränkter Nachschußpflicht:** die Genossen sind mit ihrem Vermögen gegenüber der Gn verpflichtet, in unbeschränkter Höhe Nachschüsse zur Befriedigung der Gn-Gläubiger zu leisten; also den Gläubigern haften sie nur mittelbar.

3. **eingetragene Genossenschaft mit beschränkter Haftpflicht:** die Genossen haften den Gn-Gläubigern **und** der Gn unmittelbar, jedoch nur auf eine im voraus beschränkte Summe. — Die Haftsumme des einzelnen Genossen darf nicht niedriger als der Geschäftsanteil sein, Gn 131.

II. Die Gn muß eine **Sachfirma** führen, d. h. die Firma muß vom Gegenstande des Unternehmens entlehnt sein; der Zusatz: „eingetragene Genossenschaft mit . . . . pflicht" ist obligatorisch.

III. **Grundsätze** für die Begründung der Gn:

1. Die **Zahl** der Genossen muß mindestens sieben betragen.

2. Das **Statut** der Gn bedarf der Schriftform (Band I 21).

a) **Obligatorischer** Inhalt des Statutes: **1.** die Firma und der Sitz der Gn; **2.** der Gegenstand des Unternehmens; **3.** Bestimmungen über die Generalversammlung; **4.** Bestimmungen über Bekanntmachungen; — ferner sind obligatorisch: Festsetzungen über: **1.** Art der Haftpflicht; **2.** Geschäftsanteil; **3.** Bilanz; **4.** Reservefonds.

b) **Nur gültig** durch Aufnahme in das Statut sind: Bestimmungen über die Dauer der Gn, Bezirksmitgliedschaft, Geschäftsjahr, Stimmverhältnis in der Generalversammlung, Ausdehnung des Betriebes auf Nichtmitglieder (letzteres ist bei Konsumvereinen verboten, jedoch den landwirtschaftlichen Konsumvereinen unter gewissen Voraussetzungen gestattet).

3. **Organe** der Gn sind Vorstand, Aufsichtsrat, Generalversammlung. Vorstand und Aufsichtsrat **müssen Genossen** und physische Personen sein. — Sind Genossenschaften selbst Genossen einer Gn, so können Genossen der Gn, welche der anderen Gn angehört, in den Vorstand oder Aufsichtsrat der letzteren berufen werden.

4. Das **Gn-Register** wird vom Amtsgerichte geführt.

Der Vorstand meldet die Gn zur Eintragung an. — Vor der Eintragung hat die Gn noch nicht Rechtsfähigkeit; sie erwirbt sie **mit der Eintragung.** — Bekanntmachung der Eintragung durch das Gericht.

5. **Abänderungen** des Statutes erfolgen in der Generalversammlung mit Dreiviertelmehrheit der erschienenen Genossen; dies ist durch Statut

nicht abänderbar bei Änderung des Gegenstandes des Unternehmens und bei Erhöhung des Geschäftsanteiles.

Abänderungsbeschlüsse werden erst mit der Eintragung in das Gn-Register wirksam.

III. **Rechtsverhältnisse** der Gn und der Genossen.

1. Die Gn ist juristische Person (Band 1 5) und gilt grundsätzlich als Kaufmann im Sinne des H.

2. Stellung der Genossen:

a) **Geschäftsanteil** ist der Höchstbetrag der zulässigen Einlage eines Genossen; — Geschäftsguthaben ist derjenige Betrag, den das Kapitalkonto eines Genossen ergibt.

Das Geschäftsguthaben wird nicht verzinst und darf vor dem Ausscheiden des Genossen nicht ausgezahlt werden.

b) Eine **Herabsetzung** des Geschäftsanteils kann durch Beschluß des Vorstandes erfolgen und muß dreimal bekanntgemacht werden; die Herabsetzung wird frühestens ein Jahr nach der dritten Bekanntmachung wirksam.

c) Wer in eine bestehende Gn **eintritt**, haftet auch für die vor seinem Eintritte eingegangenen Verbindlichkeiten.

IV. Die Gn wird durch den Vorstand gerichtlich und außergerichtlich **vertreten**; der Vorstand besteht aus mindestens zwei Genossen.

1. Die Mitglieder des Vorstandes haben die Sorgfalt eines ordentlichen Geschäftsmannes anzuwenden; sie können besoldet oder unbesoldet sein.

2. Der **Aufsichtsrat** ist Kontrollorgan; er besteht aus mindestens drei Mitgliedern; die Mitglieder des Aufsichtsrates dürfen keine Tantieme beziehen; sie haben die Sorgfalt eines ordentlichen Geschäftsmannes anzuwenden.

3. Die **Generalversammlung** dient der Ausübung der Rechte, die den Genossen in Angelegenheiten der Gn zustehen.

Jeder Genosse hat eine Stimme. — Das Stimmrecht darf nicht durch Bevollmächtigte ausgeübt werden; Ausnahme: geschäftsunfähige Personen, Vereine, ev. Frauen.

V. Die Einrichtungen der Gn und ihre Geschäftsführung in allen Zweigen der Verwaltung sind mindestens in jedem zweiten Jahre der **Prüfung** durch einen der Gn nicht angehörigen, sachverständigen Revisor zu unterwerfen.

Unter besonderen Voraussetzungen können Gn einen Verband bilden und für diesen einen Verbandsrevisor bestellen.

VI. Der **Austritt** eines Genossen kann durch Kündigung zum Schlusse eines Geschäftsjahres erfolgen.

Die Kündigung muss mindestens drei Monate vorher schriftlich erfolgen. - Durch das Statut kann die Kündigungsfrist bis auf zwei Jahre festgesetzt werden.

VII. Die **Auflösung** der Gn erfolgt durch: 1. Beschluß der Generalversammlung mit einer Mehrheit von drei Vierteln der erschienenen Genossen; 2. Gerichtsbeschluß bei Verminderung der Zahl der Genossen unter sieben; 3. Entscheidung der Verwaltungsbehörde wegen gesetzwidriger Handlungen; 4. Konkurseröffnung über das Vermögen der Gn.

Die Auflösung der Gn ist von dem Gerichte ohne Verzug in das Gn-Register **einzutragen.**

Die **Liquidation** erfolgt durch wenigstens zwei Liquidatoren.

Die **Nichtigkeit** der Gn kann im Klagewege geltend gemacht werden.

VIII. **Der Genossenschaftskonkurs** findet im Falle der Zahlungsunfähigkeit, nach der Auflösung der Gn auch im Falle der Überschuldung statt. — Nach der Auflösung der Gn ist die Eröffnung des Konkurses so lange zulässig, als die Verteilung des Vermögens nicht vollzogen ist.

A. Antrag auf Konkurseröffnung hat der Vorstand zu stellen, Gn 99; — durch die Konkurseröffnung wird die Gn **aufgelöst.** — Das Gericht hat bei der Eröffnung einen Gläubigerausschuss zu bestellen.

Über das Konkursverfahren der Gn gelten zunächst die folgenden **allgemeinen Vorschriften,** Gn 105—118.

1. Soweit die Kgläubiger bei der Schlussverteilung nicht befriedigt werden, sind die Genossen verpflichtet, **Nachschüsse zur Kmasse** zu leisten.

Die Nachschüsse sind von den Genossen (mangels abweichender statutarischer Festsetzung) nach Köpfen zu leisten; Beitragspflichten unvermögender Genossen werden auf die übrigen umgelegt.

2. Das **Nachschussverfahren** wird durch den Kverwalter durchgeführt.

a) **Vorschussberechnung**: sofort nach Niederlegung der Bilanz auf der Gerichtsschreiberei hat der Kverwalter zu berechnen, wieviel zur Deckung des bilanziierten Fehlbetrages die Genossen vorschussweise beizutragen haben.

b) **Zusatzberechnung** wegen Unvermögens von Genossen.

c) **Vollstreckbarmachung** der Vorschussberechnung: der Kverwalter reicht die Vorschussberechnung beim Gerichte mit dem Antrage ein, sie für vollstreckbar zu erklären. — Zur Erklärung über die Berechnung: Termin nicht über zwei Wochen hinaus. — Im Termine: Anhörung aller Beteiligten, Entscheidung. — Nach Vollstreckbarmachung zieht der Kverwalter ohne Verzug die Beiträge von den Genossen ein.

d) Jeder Genosse kann die für vollstreckbar erklärte Vorschussberechnung im Wege der Klage gegen den Kverwalter **anfechten.** — Notfrist: ein Monat seit Verkündung der Entscheidung; ausschliessliche Zuständigkeit: Amtsgericht, das die Berechnung für vollstreckbar erklärt hat; ev. Verweisung an das Landgericht möglich.

e) **Nachschussberechnung**: sobald mit dem Vollzuge der Schlussverteilung begonnen wird, hat der Kverwalter in Ergänzung oder Berichtigung der Vorschussberechnung zu berechnen, wieviel Nachschüsse von den Genossen zu leisten sind. Im weiteren gilt dasselbe wie zu b.

3. **Nachtragsverteilung**: nachdem die Nachschussberechnung für vollstreckbar erklärt ist, hat der Kverwalter, so oft ein Bestand vorhanden ist, diesen zu verteilen.

4. Ein Zwangsvergleich ist unzulässig.

5. Nach dem Beginne der Schlussverteilung ist eine Einstellung des Kverfahrens unter Zustimmung aller bei der letzteren berücksichtigten Kgläubiger zulässig

B. Besondere Bestimmungen für den Konkurs der Gn im einzelnen.

1. Bei der **Gn mit unbeschränkter Haftpflicht** sind neben der Gn die einzelnen Genossen solidarisch und mit ihrem ganzen Ver-

mögen den KGläubigern **für den Ausfall** verhaftet, welchen diese an ihren bei der Schlussverteilung berücksichtigten Forderungen erleiden, Gn 122.

a) Die Gläubiger können die einzelnen Genossen in Anspruch nehmen, wenn **drei Monate** seit dem Termine, in welchem die Nachschussberechnung für vollstreckbar erklärt ist, abgelaufen sind. — **Verjährung** des Gläubigeranspruches: 2 Jahre seit Ablauf der 3 Monate (ev. die allgemein geltende, kürzere Verjährung, vgl. Band **I** 27).

b) **Festgestellte,** im Prüfungstermine vom Vorstande bzw. von den Liquidatoren nicht ausdrücklich bestrittene **Forderungen** können von dem nunmehr (gemäss a) in Anspruch genommenen Genossen nicht bestritten werden. — Ist dagegen eine Forderung vom Vorstande bzw. von den Liquidatoren **bestritten** worden, so wirkt das (in dem dann stattfindenden Prozesse des Gläubigers gegen den Vorstand bzw. die Liquidatoren ergehende) **rechtskräftige Urteil** gegenüber allen Genossen.

c) Soweit Genossen den Konkursgläubiger einer festgestellten Forderung **befriedigen,** treten sie in dessen Rechte ein.

d) Haftpflicht der in den letzten zwei Jahren ausgeschiedenen Genossen: Gn 125.

2. Bei der **Gn mit unbeschränkter Nachschusspflicht** haben, wenn drei Monate seit dem Termine zur Vollstreckbarmachung der Nachschussberechnung die Konkursgläubiger noch nicht befriedigt oder sichergestellt sind, die in den letzten achtzehn Monaten **ausgeschiedenen** Genossen die erforderlichen Beiträge zur Konkursmasse zu leisten, Gn 128.

3. Bei der **Gn mit beschränkter Haftpflicht** ist (neben Zahlungsunfähigkeit) Überschuldung nur dann Konkursgrund, wenn die Überschuldung ein Viertel des Betrages der Haftsummen aller Genossen **übersteigt.** Die einzelnen Genossen können **über** ihre Haftsumme hinaus weder auf Leistung von Nachschüssen, noch von den Konkursgläubigern in Anspruch genommen werden.

4. Kapitel.

Die Handelsgeschäfte.

§ 28. Handelsgeschäft ist jedes Geschäft eines Kaufmannes, das zum Betriebe seines Handelsgewerbes gehört, H 343.

Grundsätze des früheren Handelsrechtes über die Handelsgeschäfte: **1.** nach altem Rechte wurden unterschieden: absolute oder objektive Handelsgeschäfte und relative oder subjektive Handelsgeschäfte,

a) **Absolute Handelsgeschäfte** waren immer Handelsgeschäfte, auch wenn sie nicht gewerbemässig oder wenn sie vom Nichtkaufmanne abgeschlossen wurden; dies waren: Spekulationsanschaffung, Lieferungsübernahme, Versicherung gegen Prämie, Beförderung von Reisenden oder Gütern zur See, Bodmerei.

b) **Relative Handelsgeschäfte** waren nur dann Handelsgeschäfte, wenn sie gewerbemässig oder wenn sie im Betriebe eines Kaufmanns abgeschlossen wurden; nämlich: Bearbeitungsübernahme, Bankiergeschäfte, Geschäfte des Kommissionärs, Spediteurs, Frachtführers, Vermittelung von Handelsgeschäften, Buchhandel, Betriebsgeschäfte.

2. Andere Gegensätze des alten Rechtes:

a) **Handelsgrundgeschäfte** waren Geschäfte, durch deren gewerbsmässigen Betrieb jemand Kaufmann wird; — b) **Handelshilfsgeschäfte**

(Nebengeschäfte) waren die im Betriebe nicht gewerbsmässig abgeschlossenen Geschäfte.

a) Einseitige Handelsgeschäfte waren Rechtsgeschäfte, die nur für einen Kontrahenten Handelsgeschäfte sind; b) zweiseitige Handelsgeschäfte waren solche, die für beide Kontrahenten Handelsgeschäfte sind.

Nach altem Rechte sind Verträge über Grundstücke (Artikel 275) keine Handelsgeschäfte.

I. Die Geschäfte der neun Handelsgewerbe (w. o. Seite 6) sind auch dann Handelsgeschäfte, wenn sie von einem Kaufmanne im Betriebe seines gewöhnlich auf andere Geschäfte gerichteten Handelsgewerbes geschlossen werden.

1. Im Gegensatze zum alten Rechte gilt nach H: ein **Nichtkaufmann** kann kein Handelsgeschäft vornehmen.

Verträge über **Grundstücke** können wohl Handelsgeschäfte, nicht aber Handelskauf sein, weil ein Grundstück keine Ware ist.

2. **Rechtsgeschäfte** eines Kaufmannes gelten nach H 344_1 im Zweifel als zum Betriebe seines Handelsgewerbes gehörig; diese praesumtio iuris kann durch jeden Gegenbeweis entkräftet werden.

3. Die vom Kaufmanne gezeichneten **Schuldscheine** gelten nach H 344_2 als im Betriebe seines Handelsgewerbes gezeichnet, sofern nicht aus der Urkunde das Gegenteil erhellt; — der Gegenbeweis kann also nur aus der Urkunde geführt werden.

II. Die Vorschriften über Handelsgeschäfte werden mangels besonderer Bestimmung auch dann angewendet, wenn das Rechtsgeschäft nur für den einen Kontrahenten ein Handelsgeschäft ist.

Nur für Kaufleute gilt, dass gegenüber kaufmännischen Kontrahenten die Bedeutung und Wirkung von Handlungen und Unterlassungen unter Berücksichtigung der im Handelsverkehre geltenden Gewohnheiten und Gebräuche beurteilt wird. — Hiermit ist nicht das Gewohnheitsrecht, sondern die tatsächliche Übung und Verkehrssitte gemeint: vgl. w. o. Seite 3.

§ 29. Einzelheiten des kaufmännischen Schuldrechtes. Das Handelsrecht hat kein besonderes Recht der Schuldverhältnisse, sondern gibt gegenüber dem B nur besondere Bestimmungen.

I. Es herrscht Formfreiheit, vgl. Band 1 21.

Bei der Bürgschaftserklärung, beim selbständigen Schuldversprechen und beim Schuldanerkenntnisse ist die im B vorgeschriebene Schriftlichkeit (Band 2 45) **nicht** erforderlich, wenn auf seiten des Bürgen oder des Schuldners ein Handelsgeschäft vorliegt. Dies gilt aber **nicht** für Minderkaufleute.

II. Der Kaufmann **haftet** aus Handelsgeschäften für die Sorgfalt eines ordentlichen Kaufmannes.

III. Die **Vertragsstrafe**, die ein Vollkaufmann in seinem Handelsgewerbe versprochen hat, kann nicht herabgesetzt werden; — wohl aber die eines Minderkaufmannes, Band 2 18.

IV. Die **Einrede der Vorausklage** ist bei einer Bürgschaft und einem Kreditauftrage, die Handelsgeschäfte sind, nicht zugelassen; vgl. dagegen nach B: Band 2 46.

V. **Gesetzliche Zinsen** und Verzugszinsen betragen bei beiderseitigen Handelsgeschäften fünf Prozent; bei Wechselschulden jedoch sechs Prozent.

Kaufleute können **untereinander** aus beiderseitigen Handelsgeschäften vom Tage der Fälligkeit Zinsen verlangen. – Über Anatozismus siehe Band 2 7.

VI. Die Leistung aus Handelsgeschäften kann nur während der gewöhnlichen Geschäftszeit bewirkt und gefordert werden.

1. Bei **Gattungsschulden** (Band 2 3) ist Handelsgut mittlerer Art und Güte zu leisten.

2. Auf Offerten muß der Kaufmann in zwei Fällen unverzüglich antworten, H 362:

a) wenn sein Gewerbebetrieb die Besorgung solcher Geschäfte für andere mit sich bringt;

b) wenn er sich dem Antragsteller hierzu erboten hat.

Schweigen gilt als Annahme des Antrages; hat er aber einen Antrag bereits einmal abgelehnt, und wird hierauf dieselbe Offerte wiederholt, so braucht er nicht zu antworten.

Gegensatz: Folge des Antwortzwanges nach H ist Haftung für das positive Interesse; nach B für das negative Interesse, Band 2.

§ 30. **Technisch indossable Papiere** heißen diejenigen Wertpapiere (Band 7 1), deren Uebertragung durch ein Indossament (Band 7 8) erfolgt; sie heißen Orderpapiere (Band 7 3).

I. Arten der Orderpapiere sind:

1. **geborene Orderpapiere**, d. h. solche, welche auch ohne eine Orderklausel indossabel sind.

Wird die negative Orderklausel beigefügt, so sind die Papiere Rektapapiere.

2. **gekorene Orderpapiere**, d. h. solche, welche nur dann Orderpapiere sind, wenn sie die Orderklausel (zB. „zahlen Sie an Herrn T. oder dessen Order") enthalten; – ohne diese Orderklausel sind sie Rektapapiere (Band 7 4).

II. **Geborene** Orderpapiere sind:

1. der Wechsel (Band 7 4);

2. der Namensscheck, § 8 des Gesetzes vom 11. März 1908 (Band 7 14);

3. die nicht vinkulierte Namensaktie, H 222 (w. o. S. 32);

4. in gewissem Sinne auch der Reichsbankanteilschein.

III. **Gekorene** Orderpapiere, H 363, sind:

1. die kaufmännische Anweisung, d. h. eine auf einen Kaufmann über die Leistung von Geld, Wertpapieren oder anderen vertretbaren Sachen ausgestellte Anweisung, ohne daß eine Gegenleistung verlangt ist;

Nach **altem** H: Anweisung **von** einem Kaufmann **ausgestellt**. – Anweisung des B: Band 2 46.

2. der kaufmännische Verpflichtungsschein, d. h. ein Verpflichtungsschein, der von einem Kaufmann über Geld, Wertpapiere oder andere

vertretbare Sachen **ausgestellt** ist, ohne daß darin die Leistung von einer Gegenleistung abhängig gemacht ist;

Nach **altem** H: Verpflichtungsschein, der **einem** Kaufmann ausgestellt wird.

3. das Konnossement des Seeschiffers, Band 7 24;
4. der Ladeschein des Frachtführers, w. u. Seite 62;
5. der Lagerschein einer staatlich zur Ausstellung einer solchen Urkunde ermächtigten Anstalt, w. u. Seite 60;
6. der Bodmereibrief, Band 7 25;
7. die Transportversicherungspolizei, Band 7 25.

IV. Der Schuldner kann dem legitimierten Besitzer des Orderpapieres **nur solche Einwendungen** entgegenhalten, welche:

1. sich gegen die Gültigkeit der in der Urkunde abgegebenen Erklärung **richten**;
2. sich aus dem Inhalte der Urkunde ergeben;
3. unmittelbar gegen diesen Besitzer sich richten.

V. Lagerschein, Ladeschein und Konnossement heißen **Traditionspapiere**, weil durch Übertragung des Papieres auch unmittelbar das Recht am verbrieften Gute übergeht.

§ 31. Schutz des guten Glaubens, H 366 und 367. — Wird im Betriebe eines Handelsgewerbes eine dem Kaufmanne nicht gehörige Mobilie veräußert oder verpfändet, so entsteht für den Erwerber das Eigentum oder das Pfandrecht selbst dann, wenn der gute Glaube nicht das Recht, sondern nur die Verfügungsbefugnis des Veräußerers oder Verpfänders betrifft.

Der gute Glaube beim Pfandrechte gilt grundsätzlich nur für das **Vertragspfand**: nach H 366_3 gilt er jedoch auch für das gesetzliche Pfandrecht des Kommissionärs, Spediteurs, Lagerhalters und Frachtführers.

Bei gestohlenen, verlorenen oder sonstwie abhanden gekommenen **Inhaberpapieren** wird gutgläubig Eigentum erworben; jedoch ist der gute Glaube des **Bankiers** ausgeschlossen, wenn zur Zeit des Erwerbes der Verlust des Papiers im Reichsanzeiger mitgeteilt war; ausgenommen den Fall, daß er die Bekanntmachung nicht kannte oder kennen mußte.

Für den guten Glauben nach B vgl. Band 3 17.

§ 32. Kaufmännisches Pfand- und Zurückbehaltungsrecht. — I. Für das **Pfandrecht** gelten im allgemeinen die Vorschriften des B (Band 3 32); jedoch tritt an die Stelle der Wartefrist von einem Monate eine solche von einer Woche.

II. Das kaufmännische **Zurückbehaltungsrecht** kann wegen fälliger und wegen nichtfälliger Forderungen bestehen.

Gegensatz: bürgerliches ZR nach B 273 (Band 2 10) und kaufmännisches ZR nach H 369 und 370.

1. Das **ordentliche** kaufmännische ZR besteht wegen **fälliger** Forderungen eines Kaufmannes gegen einen anderen Kaufmann aus den

zwischen ihnen geschlossenen beiderseitigen Handelsgeschäften unter folgenden Voraussetzungen:

a) **Gegenstand:** bewegliche Sachen und Wertpapiere, die mit Willen des Schuldners im Handelsverkehre in den Besitz des Gläubigers gelangt sind, ohne daß der Schuldner vor oder bei der Uebergabe angewiesen hat, in bestimmter Weise mit dem Gegenstande zu verfahren.

b) **Besitz:** der Gläubiger muß den Gegenstand noch im Besitze haben oder durch Traditionspapiere darüber verfügen können.

c) Konnexität ist nicht erforderlich.

Das Zurückbehaltungsrecht besteht auch dann, wenn der Gegenstand schon Eigentum des Gläubigers geworden ist, z. B. der Käufer behält die bereits bezahlte Ware, die er als mangelhaft beanstandet, wegen seines Anspruches auf Rückzahlung der Kaufsumme zurück.

Durch **Sicherheitsleistung** (Bürgen sind ausgeschlossen) kann das Zurückbehaltungsrecht abgewendet werden.

2. Das **Notzurückbehaltungsrecht** (außerordentliches ZR) besteht wegen **nicht fälliger** Forderungen, wenn Konkurseröffnung, Zahlungseinstellung oder fruchtlose Zwangsvollstreckung usw. gegen den Schuldner vorliegt.

Werden diese Voraussetzungen bekannt, nachdem der Gegenstand übergeben ist, oder nachdem der Gläubiger sich verpflichtet hat, in bestimmter Weise damit zu verfahren, so besteht das NotZR trotz dieser Verpflichtung.

Bedeutung des kaufmännischen ZR: der Gläubiger kann sich aus dem zurückbehaltenen Gegenstande für seine Forderung **befriedigen,** und es gewährt im Konkurse des Sch ein **Absonderungsrecht** (Band **10** 28).

§ 33. **Börsengeschäfte** sind Geschäfte, welche an der Börse unter Benutzung der börsentechnischen Einrichtungen in börsengängigen Waren oder Wertpapieren unter typischen Bedingungen abgeschlossen werden.

Börsengesetz vom 22. Juni 1896 ist in fünf Abschnitte eingeteilt: I. allgemeine Bestimmungen über die Börsen und deren Organe; II. Feststellung des Börsenpreises und Maklerwesen; III. Zulassung von Wertpapieren zum Börsenhandel; IV. Börsenterminhandel; V. Straf- und Schlussbestimmungen; — abgeändert durch Gesetz vom 8. Mai 1908. Vergleiche hierzu Band **7** 31—34.

I. Die **Börse** ist ein Markt, an dem zu bestimmter Zeit in kurzen Zwischenräumen (ev. täglich) eine größere Zahl selbständiger Kaufleute oder deren Hilfspersonen zu dem Zwecke zusammenkommen, um in nicht zur Stelle gebrachten Waren oder Wertpapieren Handel (und zwar vorwiegend Großhandel) zu treiben.

1. Die Börse bedarf der staatlichen Genehmigung und untersteht staatlicher Aufsicht; die unmittelbare Aufsicht liegt der Handelskammer ob.

2. **Börsenorgane** sind der Börsenvorstand, das Börsenschiedsgericht, die Zulassungsstelle von Wertpapieren zum Börsenhandel.

3. **Arten** der Börse: Fonds- oder Effektenbörse (dient dem Handel in Wertpapieren) und Produktenbörse (dient dem Handel in Waren).

4. **Börsenausdrücke**:

a) **Geld**: die Ware wird gesucht;

b) **Brief**: die Ware wird angeboten;

c) **Bezahlt**: Geschäfte über die betr. Ware sind zu dem angegebenen Preise abgeschlossen worden, und zwar: *α*) **Bezahlt Geld**: es wurden Geschäfte abgeschlossen, ohne dass der Nachfrage vollkommen genügt wurde; *β*) **Bezahlt Brief**: es wurden Geschäfte abgeschlossen, und es blieb noch weiteres Angebot übrig.

5. Der **Kurszettel** ist ein Verzeichnis der nach dem lokalen Geschäftsgebrauche einer Börse ermittelten Kurse (in Fonds oder Effekten); — für die Produktenbörse finden Notierungen in anderer Form statt.

a) **Beispiel**: Kurszettel der Berliner Börse:

Deutsche Fonds und Staatspapiere (zB. Reichsanleihe).

Deutsche Stadtanleihen (zB. Breslau, Wilmersdorf).

Preussische Pfandbriefe (zB. Pommern, Schlesische).

Ausländische Fonds (zB. Argentinier, Chinesen).

Deutsche Hypothekenpfandbriefe (zB. Berliner Hypothekenbank).

Eisenbahn-Stammaktien (zB. Crefeld, Liegnitz-Rawitsch).

Eisenbahn-Obligationen (zB. Anatolier, Nagykikinda).

Klein- und Strassenbahn-Aktien (zB. Breslauer Elektrische).

Klein- und Strassenbahn-Obligationen (zB. Grosse Berliner).

Bankaktien und -obligationen (zB. Diskonto Kommandit, Luxemburger Bank, Reichsbankanteil).

Industrieaktien (zB. Arenberg, Aumetz-Friede, Badische Anilin, Berger Tiefbau, Breslauer Waggon Linke, Deutsche Gasglühlicht, Eintracht Braunkohle, Höchster Farbwerke, Norddeutsche Steingut, Saxonia Zement, Siemens & Halske).

Obligationen industrieller Gesellschaften (zB. Bergmann Elektrizität, Bismarckhütte, Mannesmann, Sauerbrey).

Wechselkurse (zB. Amsterdam, London, Paris).

Geldsorten, Banknoten und Kupons (zB. Sovereigns, italienische Noten, Rubel, schweizerische Noten)

b) Die **Maklertätigkeit** ist von grossem, oft ausschlaggebendem Einflusse auf die Preisgestaltung; besteht für den Makler die Möglichkeit des Selbsteintrittes (w. o. Seite 22), so ist er nicht mehr blosser Vermittler (dealer), sondern Tagesspekulant (jobber, broker), d. h. er schiebt sich zwecks Ausnutzung der Konjunktur und Vermehrung des Gewinnes (statt der Mäklergebühr: voller Gewinn am Ein- und Verkauf) in den Umlauf als Geschäftspartei ein. Häufig benutzt er als Aufgabe (bei „Aufgabe vorbehalten“, w. o. Seite 22) eine Maklerbank.

II. Die Börsengeschäfte im einzelnen sind entweder Kassageschäfte oder Termingeschäfte.

1. **Kassageschäft** (Kontantgeschäft oder Tageskauf): der Verkäufer ist verpflichtet, sofort nach Abschluß des Kaufes die Ware zu liefern; — dieses Geschäft heißt an der Fondsbörse: Kassageschäft, an der Produktenbörse: Lokogeschäft. Hier ist effektive Erfüllung zum Börsenpreise gewollt.

2. **Termingeschäft** (Zeitgeschäft oder Lieferungskauf): der Verkäufer hat die Ware an einem späteren Termine zu liefern. Die Spekulation rechnet hier mit dem Preisunterschiede zwischen der Zeit des Vertragsabschlusses und der Zeit der Erfüllung (oder dem Stichtage).

a) Geschäfte, die hierauf beruhen, heissen **Agiotagegeschäfte.** — Agio oder Aufgeld ist der Mehrbetrag einer Ware (Geld) über den eigentlichen Preis (Nominalbetrag).

b) **Arbitragegeschäft**: die Spekulation rechnet hier mit dem Preisunterschiede verschiedener Orte (also nicht wie die Agiotage: verschiedener Zeiten). Wichtig für die Stempelermässigung.

c) **Fixgeschäft**: es ist bedungen, dass die Leistung des einen Teiles genau zu festbestimmter Zeit oder innerhalb festbestimmter Frist zu bewirken ist. Erfolgt die Leistung nicht rechtzeitig, dann kann der andere Teil: 1. vom Vertrage zurücktreten; 2. bei Verzug des Schuldners: Schadensersatz wegen Nichterfüllung verlangen: 3. Erfüllung verlangen, wenn er sofort anzeigt, dass er auf Erfüllung bestehe.

d) Börsentermingeschäfte siehe Band **7** 31–34.

3. Die **Zeitgeschäfte** können sein:

a) **feste** Zeitgeschäfte: beide Parteien sind an das Geschäft gebunden, ohne es abändern zu dürfen;

b) **Prämienzeitgeschäfte**, bei denen eine Partei (der Prämiengeber) dem Prämiennehmer eine Vergütung (Prämie) dafür verspricht, daß letzterer ihm für einen zu erfüllenden Vertrag das Wahlrecht einräumt, einseitig den geschlossenen Vertrag abzuändern oder vom Vertrage zurückzutreten. Gegenstand der Prämienzeitgeschäfte sind bestimmte Gattungen von Waren oder Wertpapieren.

Die **vier Hauptarten** der Prämienzeitgeschäfte sind:

a) Das **einfache** Prämiengeschäft: das Wahlrecht des Prämiengebers geht dahin, vor dem Stichtage den Rücktritt erklären zu können: es handelt sich um einen Kauf unter auflösender Potestativbedingung (Band **1** 23).

α) Vorprämiengeschäft (Lieferungsprämiengeschäft): der Käufer zahlt die Vorprämie.

β) Rückprämiengeschäft (Empfangsprämiengeschäft): der Verkäufer zahlt die Rückprämie.

b) Der **Schluss auf Geben und Nehmen** (Stellage oder Stellgeschäft): der Wähler (Prämiengeber) hat ein Wahlrecht, ob er bei dem verabredeten Geschäfte selber liefert (Verkäufer ist) oder sich von dem anderen Kontrahenten (dem Steller) liefern lässt (Käufer ist); hierbei ist jedoch der Rücktritt ausgeschlossen.

α) Bei der Stellage liegt die Prämie (Stellgeld) in der Spannung, d. h. in der Differenz zwischen dem Kaufpreise und dem Lieferungspreise.

β) Die Stellage ist aus zwei potestativ bedingten Kaufverträgen alternativ kombiniert, und zwar derart, dass der eine Kaufvertrag resolutiv, der andere suspensiv bedingt ist.

c) Die **Optionsgeschäfte** sind solche Prämiengeschäfte, bei denen der Prämiengeber in bezug auf die Quantität der Ware ein Wahlrecht hat.

α) Das Nochgeschäft (Nachgeschäft): der Prämiengeber kann verlangen, dass noch eine bestimmte Zahl von Wertpapieren zu den fest gekauften hinzutrete, so dass er die ev. hinzugekauften zum gleichen Preise wie die ersten (fest gekauften) erhalten soll.

β) Der Schluss mit Ankündigung: der Verkäufer ist Prämiengeber und kann (analog zu α) mehr liefern.

γ) Der Schluss auf fest und offen: der Prämiengeber kann zu bestimmter Zeit für einen bestimmten Teil der Ware von der Erfüllung zurücktreten.

d) Das **Wandelgeschäft** (Eskomptegeschäft): der Prämiengeber hat ein Wahlrecht bezüglich der Lieferungszeit: der Vertrag ist zwar auf einen festen Termin abgeschlossen, aber der Prämiengeber kann schon zu einem früheren Zeitpunkte Erfüllung verlangen.

c) Das **Zweiprämiengeschäft** ist ein kombiniertes Prämiengeschäft, bestehend aus einem Vorprämiengeschäft (vgl. w. o. unter a α) und einem mit einem Dritten abgeschlossenen Rückprämiengeschäft.

d) Das **zweischneidige Prämiengeschäft**: der Prämiengeber hat die Wahl, ob er Käufer oder Verkäufer sein oder zurücktreten will; es besteht hier also eine Kombination von Stellage und einfachem Prämiengeschäfte.

4. Das **Reportgeschäft** besteht darin, daß Einkauf und Verkauf auf der Seite eines Kontrahenten miteinander verbunden sind. Die Kontrahenten heißen Reporteur und Reportierter.

Grundlage für diese Operation ist die Erwägung, dass man beim Tageskaufe in der Regel billiger kauft als beim Zeitkaufe. — Terminologie: a) Report ist die Tendenz zwischen den Preisen beim Tageskaufe und beim Zeitkaufe; b) Deport: der Preis des Tageskaufes ist höher als beim Zeitkaufe.

Man unterscheidet:

a) **Direktes** Reportgeschäft ist ein Kaufvertrag über ein zinstragendes oder dividendentragendes Wertpapier, und zwar so, dass entweder jemand im Tageskauf kauft und gleichzeitig an denselben Kontrahenten im Zeitkauf verkauft, oder jemand im Tageskauf verkauft und gleichzeitig von demselben Kontrahenten im Zeitkauf kauft.

b) **Indirektes** Reportgeschäft: jemand schliesst (wie zu a) ab, jedoch mit verschiedenen Personen, also der Tageskauf wird mit A., der Zeitkauf mit B. abgeschlossen.

c) **Kostgeschäft** nennt man in Süddeutschland das Reportgeschäft im Falle effektiver Lieferung.

d) **Prolongationsgeschäft** heisst das Reportgeschäft dann, wenn es der Verlängerung eines schon gegenwärtig zu regulierenden Börsengeschäftes dient; es erfüllt dann den Zweck eines Darlehns.

5. Das **Heuergeschäft** (Promessengeschäft): der Verkäufer verspricht dem Käufer gegen ein Heuergeld, den auf ein Kreditlos fallenden Gewinn auszuzahlen; der Abschluß des Geschäftes erfolgt durch die Uebergabe des Schlußbriefes; — zB. Hoffnungskauf über ein Los.

§ 34. **Handelskauf** ist der Kauf, der wenigstens für den einen Kontrahenten ein Handelsgeschäft ist.

Gegenstand des Handelskaufes sind Waren oder Wertpapiere; als Handelskauf gilt auch der Werkvertrag, bei dem der Unternehmer aus einem von ihm selbst zu beschaffenden Stoffe eine nichtvertretbare bewegliche Sache herstellt; vergleiche dagegen Band 2 40.

Nicht jeder Kauf, der Handelsgeschäft ist, gilt als Handelskauf; Kaufverträge und Werkverträge über unbewegliche Sachen können zwar Handelsgeschäfte, aber nicht Handelskäufe sein.

I. **Besondere Arten** des Kaufes sind:

1. **Barkauf** (Kauf per contant): der Kaufpreis ist bei dem Empfange der Ware zu zahlen; — der Barkauf wird vermutet.

2. Der **Pränumerationskauf**: die Zahlung erfolgt vor der Übergabe der Ware, zB. durch Postnachnahme, beim Automaten. Ein Prä-

numerationskauf muß stets besonders vereinbart sein: es ist nicht zulässig, gekaufte Waren (ohne entsprechende Abrede) mit einer Postnachnahme zu belasten.

3. Der **Kreditkauf** (Zeitkauf oder Kauf auf Borg, auf Ziel): die Bezahlung erfolgt erst eine Zeit nach Übergabe der Ware; insbesondere bestehen für kaufmännisches Ziel verschiedene Usancen, zB. 3 Monate Ziel bei den meisten Waren; bei Petroleum 30 Tage, bei Zigarren, Wein usw. 6—9 Monate, im Sortimentsbuchhandel bis zur nächsten Ostermesse usw.

4. Der **Spezifikationskauf**: wenn der Käufer eine bewegliche Sache gekauft hat, deren Form, Maß oder ähnliche Verhältnisse er nachträglich selbst bestimmen will.

Kommt der Käufer mit dieser näheren Bestimmung in Verzug, dann **hat der Verkäufer** die **Wahl**:

a) er kann selbst spezifizieren, muss aber hiervon dem Käufer Nachricht geben und ihm eine Frist zur Abänderung setzen, nach Ablauf der Frist bleibt mangels Bestimmung des Käufers die Spezifikation des Verkäufers bestehen;

b) er kann Schadensersatz wegen Nichterfüllung beanspruchen;

c) er kann vom Vertrage zurücktreten.

II. **Die Mängelrüge.** Ist der Kauf ein beiderseitiges Handelsgeschäft, dann hat der Käufer **unverzüglich** nach Empfang die Ware zu untersuchen und dem Verkäufer von Mängeln unverzüglich Anzeige zu machen, H 377. Die Unterlassung der Anzeige gilt als Genehmigung; jedoch bestehen zwei Ausnahmen:

1. nicht erkennbare Mängel können gerügt werden, wenn sie erst nachträglich bemerkt werden;

2. arglistiges Verschweigen der Mängel macht den Verkäufer stets haftbar.

III. Der **Selbsthilfeverkauf.** Bei Annahmeverzug des Käufers hat der Verkäufer das Recht der Hinterlegung; nach vorheriger Androhung kann er den Selbsthilfeverkauf vornehmen lassen, und zwar:

1. im allgemeinen durch öffentliche Versteigerung;

2. bei börsen- oder marktgängigen Waren durch freihändigen Verkauf zum laufenden Preise;

3. sogar ohne vorherige Androhung, wenn diese untunlich erscheint, oder wenn die Ware leicht verdirbt, oder bei Gefahr im Verzuge.

§ 35. **Kommissionär** ist, wer es gewerbsmäßig übernimmt, Waren oder Wertpapiere für Rechnung eines anderen (des Kommittenten) im eigenen Namen zu kaufen oder zu verkaufen; H 383.

1. Nach **altem** Rechte: wer gewerbsmässig im eigenen Namen für Rechnung des Auftraggebers Handelsgeschäfte abschliesst.

2. **Uneigentliche** Kommission: H 406.

3. **Gegensatz**: Kommissionär und Abschlussagent; siehe w. o. Seite 20.

I. **Die Pflichten** des Kommissionärs bestehen in folgendem:

1. Ausführung des Geschäftes gemäß den Anordnungen des Kom-

mittenten unter Anwendung der Sorgfalt eines ordentlichen Kaufmannes.

2. Benachrichtigung des Kommittenten von der Ausführung der Kommission und Ablegung der Rechenschaft.

3. Herausgabe alles dessen, was er durch das Geschäft erlangt hat.

4. Der Kommissionär **haftet** dem Kommittenten für die Erfüllung des Geschäftes, wenn er ihm nicht zugleich mit der Anzeige von der Ausführung der Kommission den Dritten, mit dem er das Geschäft abgeschlossen hat, namhaft macht.

Handelt der Kommissionär nicht gemäss den Weisungen des Kommittenten, so ist er ihm zum Ersatze des Schadens verpflichtet; der Kommittent braucht das Geschäft nicht für seine Rechnung gelten zu lassen.

Einhaltung eines Limits: der Kommissionär hat sich an den vom Kommittenten gesetzten Preis zu halten. — Allgemein üblich ist jedoch eine **Bestensorder**, d. h. der Kommittent setzt kein Limit fest.

a) Erbietet sich der Kommissionär, der vom Limit unvorteilhaft abgewichen ist, zugleich mit der Ausführungsanzeige, den Preisunterschied zu decken, dann hat der Kommittent das Geschäft gelten zu lassen, kann aber einen ev. höheren Schaden ersetzt verlangen.

b) Hat der Kommissionär unter dem Limit verkauft oder darüber eingekauft, dann muss der Kommittent auf die Ausführungsanzeige hin unverzüglich das Geschäft zurückweisen; tut der Kommittent dies nicht, dann gilt die Abweichung vom Limit als genehmigt.

c) Schliesst der Kommissionär zu vorteilhafteren Bedingungen ab, als sie ihm vom Kommittenten gesetzt sind, so kommt dies dem Kommittenten zustatten; — der Kursschnitt ist untersagt.

II. Die **Rechtslage** der drei Beteiligten.

1. Forderungen aus einem Geschäfte, das der Kommissionär abgeschlossen hat, kann der Kommittent dem Schuldner gegenüber erst nach der Abtretung geltend machen.

2. Im Verhältnisse zwischen dem Kommittenten und dem Kommissionär oder dessen Gläubigern gelten die zu 1 bezeichneten Forderungen als Forderungen des Kommittenten.

3. Auf Grund des Depotgesetzes vom 5. Juli 1896 (Band 7 27) hat der Kommissionär eingekaufte Papiere dem Kommittenten durch constitutum possessorium (Band 3 17) zu übereignen, indem er ihm binnen 3 Tagen das Stückeverzeichnis unter Nummernangabe zusendet. Es genügt nicht, daß er ihm die Papiere auf Stückekonto gutschreibt.

III. Der Kommissionär darf ohne Zustimmung des Kommittenten dem Dritten **nicht** Kredit gewähren. Tut er es dennoch, so handelt er auf eigene Gefahr.

Ist am Orte des Geschäftes Stundung **üblich**, so darf mangels einer anderen Bestimmung des Kommittenten auch der Kommissionär stunden; kreditiert er aber unbefugt, dann hat er sofort als Schuldner des Kaufpreises dem Kommittenten den Betrag zu zahlen.

Der Kommissionär steht für die Erfüllung der Verbindlichkeit des Dritten ein, wenn dies von ihm übernommen oder am Orte seiner Niederlassung Handelsgebrauch ist. Steht er **Delkredere**, d. h. haftet er unmittelbar für den Dritten, so hat er gegen den Kommittenten einen Anspruch auf die Delkredereprovision.

Gegensatz: Delkredere, Bürgschaft, Veranlassungsbürgschaft: das Delkredere unterscheidet sich von der Bürgschaft dadurch, dass der Kommissionär die Haftung für eine Forderung übernimmt, deren Gläubiger zunächst noch **er selbst** ist. Erst nach der Abtretung dieser Forderung wird der Kommittent Gläubiger, und damit tritt das Delkredere in Wirksamkeit.

IV. Die **Rechte** des Kommissionärs bestehen in folgendem:

1. **Anspruch** auf die vertragsmäßige oder übliche Provision bei Ausführung des Geschäftes; er hat aber auch dann Anspruch auf die Provision, wenn die Ausführung des Geschäftes nur aus einem in der Person des Kommittenten liegenden Grunde unterblieben ist.

2. Ersatz der Aufwendungen.

3. **Pfandrecht** am Kommissionsgute, sofern er es im Besitze hat oder durch Traditionspapiere (w. o. Seite 51) darüber verfügen kann, wegen Kosten, Provision, Vorschuß, sowie wegen aller Forderungen aus laufender Rechnung in Kommissionsgeschäften.

Dieses gesetzliche Pfandrecht ähnelt dem pignus Gordianum (der Gläubiger durfte, auch wenn die gesicherte Forderung getilgt war, das Pfand wegen anderer Forderungen zurückhalten).

Gegensatz: dieses gesetzliche Pfandrecht geht dem Grunde nach weiter als die anderen gesetzlichen Pfandrechte des H, weil es für alle Forderungen aus laufender Rechnung gewährt ist.

V. Ein **Selbsteintrittsrecht** des Kommissionärs besteht prinzipiell nicht, sondern nur ausnahmsweise.

Selbsteintritt bedeutet: der Einkaufskommissionär kauft bei sich (dem Verkäufer); der Verkaufskommissionär verkauft an sich (den Käufer). Vgl. Band I 26. — Das durch Selbsteintritt geschlossene Geschäft heisst Propergeschäft (Grünhut. Kontrahieren mit sich selbst: a. A.: Alternativofferte).

1. Zeigt der Kommissionär die Ausführung an, ohne ausdrücklich zu bemerken, daß er selbst eintreten wolle, so gilt dies als Erklärung, daß die Ausführung durch Abschluß des Geschäftes mit einem Dritten für Rechnung des Kommittenten erfolgt sei, H 405, Abs. 1.

2. In eine Kommission zum Einkaufe oder zum Verkaufe von Waren, die einen Börsen- oder Marktpreis haben, sowie von Wertpapieren, bei denen ein Börsen- oder Marktpreis amtlich festgestellt wird, kann der Kommissionär selbst eintreten, wenn der Kommittent nicht ein anderes bestimmt hat, H 400, Abs. 1.

3. Untersagung des Kursschnitts, H 400, Abs. 2—5.

§ 36. **Spediteur** ist, wer es gewerbsmäßig übernimmt, Güterversendungen durch Frachtführer oder durch Verfrachter von Seeschiffen für Rechnung eines anderen (des Versenders) im eigenen Namen zu besorgen; H 407. — Das Speditionsgeschäft ist unter den **Werkvertrag** (nicht: Auftrag) zu subsumieren; daher erlischt der Speditionsvertrag nicht durch den Tod des Spediteurs.

1. Gegensätze: Spediteur und Frachtführer; Spediteur und Frachtmäkler (d. h. Vermittler des Frachtführers).

2. Uneigentliche Spedition: H 415.
3. Beteiligte Personen: Spediteur und Versender.

I. **Pflichten** des Spediteurs: Besorgung der Versendung unter Anwendung der Sorgfalt eines ordentlichen Kaufmannes; bei der Wahl der Frachtführer hat er culpa in eligendo zu vertreten.

Gegensatz: der Spediteur haftet für die Auswahl des Frachtführers, nicht für diesen selbst; der Frachtführer haftet dagegen für seine Leute wie für sich selbst.

II. Rechte des Spediteurs:

1. Anspruch auf Provision, wenn das Gut dem Frachtführer (Verfrachter) zur Beförderung übergeben ist, H 409.

2. Erstattung der Kosten;

3. Pfandrecht an dem in seinem Besitze befindlichen Gute wegen Fracht, Provision, Auslagen, Verwendungen, Vorschüsse, H 410.

Sind mehrere Spediteure nacheinander beteiligt, dann übt der Zwischenspediteur das Pfandrecht des Vormannes mit aus.

III. **Selbsteintrittsrecht.** Der Spediteur kann mangels gegenteiliger Bestimmung selbst die Beförderung des Gutes ausführen, hat dann also die Vorteile der Doppelstellung: als Spediteur erhält er die Provision und die bei Speditionsgeschäften sonst regelmäßig vorkommenden Kosten, sowie ferner zugleich als Frachtführer (Verfrachter) die gewöhnliche Fracht, H 412. Jedoch **Ausnahmen**: der Spediteur hat nur die Stellung eines Frachtführers:

1. bei der Spedition mit fixen Spesen, wenn er sich mit dem Versender auf einen bestimmten Satz geeinigt hat, H 413, Abs. 1;

2. bei der Sammelladung, weil in diesem Falle der Eisenbahntarif billiger ist als bei Stückgut (Band 24 10), H 413, Abs. 2.

Eine **Anzeige** des Selbsteintrittes ist nicht erforderlich.

§ 37. Lagerhalter ist, wer gewerbsmäßig die Lagerung und Aufbewahrung von Gütern übernimmt; H 416.

1. Im **alten** Rechte war das Lagergeschäft nicht geregelt; es bestand Gewohnheitsrecht.

2. **Gegensatz**: Lagergeschäft, Hinterlegung, Verwahrung; siehe Band 2 42.

I. **Pflichten** des Lagerhalters:

1. der Lagerhalter hat dem Einlagerer die Besichtigung des Gutes usw. zu gestatten.

2. Eine Vermischung vertretbarer Sachen mit anderen gleicher Art und Güte ist nur bei ausdrücklicher Gestattung zugelassen; jedoch wird der Lagerhalter hierdurch nicht Eigentümer, auch wenn er sie mit eigenen Sachen vermischt. Vgl. dagegen Band 3 19.

II. **Rechte** des Lagerhalters:

1. Anspruch auf Lagergeld,

2. Erstattung der Auslagen für Fracht, Zölle, Aufwendungen,

3. Pfandrecht wegen der Lagerkosten an dem in seinem Besitze befindlichen Gute.

III. **Lagerschein und Lagerpfandschein.**

1. Der **Lagerschein** (Warrant) ist ein Wertpapier; Band 7 1. Zu den Orderpapieren gehört der Lagerschein nur dann, wenn er auf den Namen lautet und der Lagerhalter (zB. Lagerhaus, Silo) staatlich zur Ausgabe von Lagerscheinen ermächtigt ist (w. o. Seite 51).

Der indossable Lagerschein ist Traditionspapier, siehe w. o. Seite 51. — **Gepäckschein** der Eisenbahn ist nicht Lagerschein, weil er keine Ware verbrieft.

2. Systeme: a) **Einscheinsystem** besteht reichsrechtlich, d. h. es gibt nur einen Lagerschein, der der Übereignung oder der Verpfändung dient. b) **Zweischeinsystem** besteht kraft Vorbehaltes in Bremen und Elsaß-Lothringen, d. h. es gibt einen Lagerschein zur Übereignung und einen Lagerpfandschein zur Verpfändung des Gutes; Einf-H 16.

§ 38. **Frachtführer** ist, wer es gewerbsmäßig übernimmt, die Beförderung von Gütern zu Lande oder auf Flüssen oder sonstigen Binnengewässern auszuführen; H 425.

1. Seefrachtvertrag: Band 7 23.

2. Binnenschiffsfrachtvertrag: Bn 26 ff.

3. **Terminologie** des Frachtverkehrs:

a) Frachtführer zu Lande, auf Flüssen oder Binnengewässern; Verfrachter von Seeschiffen für den Hochseeverkehr.

b) Absender ist derjenige, der mit dem Frachtführer den Vertrag schliesst, zB. der Spediteur; Versender ist derjenige, für dessen Rechnung der Frachtvertrag abgeschlossen wird.

c) Empfänger ist derjenige, an den das Gut abzuliefern ist.

d) Fracht ist die Geldsumme, die als Lohn an den Frachtführer gezahlt wird.

e) Gut (oder Frachtgut) ist die Sache, deren Beförderung auszuführen ist; Sache im Sinne des B: Band 1 13.

I. **Analogien** zum Frachtgeschäfte:

1. Uneigentliches Frachtgeschäft: H 451.

2. **Postgeschäft**, H 452: auf die Beförderung von Gütern durch die Postverwaltungen des Reiches und der Einzelstaaten finden die Vorschriften des Frachtgeschäftes keine Anwendung; diese Staatspostverwaltungen gelten nicht als Kaufleute im Sinne des H.

Post ist eine staatliche Verkehrsanstalt, welche es gegen tarifarische Gebühren übernimmt, Briefe, Postkarten, Drucksachen, Pakete, Geld, Wertsendungen und Personen zu befördern, ferner zur Einziehung von Geld und zur Erlangung von Wechselakzepten Postaufträge auszuführen, Wechsel und Schecks zu protestieren, den Postscheckverkehr einzurichten und aufrechtzuerhalten, Invalidenrenten auszuzahlen, Versicherungsmarken und Wechselstempelmarken (bzw. Formulare) zu verkaufen.

A. Im **römischen** Rechte: Post militärisch organisiert, nur für die Zwecke der Regierung. — **Mittelalter**: Botenposten seit Karl dem Grossen. — **Franz v. Taxis** richtete eine reitende Briefpost für das Publikum ein (von Wien nach Brüssel, 1516). — Seit 1615 hat die Familie Taxis das **Generalpostmeisteramt** als Erblehn; sie behielt es (von Ausnahmen abgesehen) bis 1866.

In **Preussen** seit dem grossen Kurfürsten Brief- und Fahrpost; seit 1821 Landbriefträger und Schnellpost (begründet von Nagler).

Seit 1850 **deutsch-österreichischer** Postverein; — **norddeutsche** Bundespost seit dem 1. Januar 1868; — **deutsche** Reichspost seit 1871, über die Reservate von Bayern und Württemberg siehe Band **II** 4.

B. **Weltpostverein,** begründet durch den allgemeinen Postvereinsvertrag in Bern vom 9. Oktober 1874; Union postale universelle, **Weltpostverein,** vom 1. Juni 1878 (Paris) führt ein einheitliches Weltporto ein. Das internationale Bureau in Bern bereitet die Beratungen vor und besorgt die gemeinsamen Angelegenheiten.

C. **Gesetzgebung**: **Gesetz über das Postwesen** des Deutschen Reiches vom 28. Oktober 1871, abgeändert durch das Gesetz vom 20. Dezember 1899 (Ausdehnung des Postzwanges auf die Beförderung verschlossener Briefe innerhalb von Orten mit Postanstalten, — Beschränkung der Privatposten); — **Gesetz über das Posttaxwesen** vom 28. Oktober 1871; — **Postordnung** vom 20. März 1900.

a) **Organisation**: unter dem Reichspostamte stehen Oberpostdirektionen. Als **Verkehrsanstalten** kommen vor: Postämter erster (Postdirektor), zweiter (Postmeister), dritter (Postverwalter) Klasse und Postagenturen.

b) **Postzwang** besteht nicht für Botenbriefe (expresser Bote, Messengerboy), für Zeitungen im Ortsverkehre, für Pakete, für Drucksachen, für unverschlossene Briefe.

c) **Portozwang** (Frankierungszwang) besteht für Postkarten, Drucksachen, Warenproben, Geschäftspapiere, Welteinschreibebriefe.

d) **Briefgeheimnis,** in Po 5 garantiert; — Ausnahmen sind nach K 121 und C 99 zulässig.

e) **Rechtscharakter** der Postgeschäfte: die Beförderung von Briefen, Paketen, Zeitungen ist Werkvertrag; — bei dem Postanweisungsgeschäfte ist die Post Treuhänder.

f) **Haftpflicht** für Verlust oder Beschädigung von Wertsendungen, von eingeschriebenen Briefen (42 M.) und von gewöhnlichen Paketen. Für Briefe wird nicht gehaftet. — **Höhere Gewalt** befreit von der Haftpflicht.

II. Der **Abschluß** des Frachtvertrages erfolgt grundsätzlich formfrei.

Der Frachtführer kann die Ausstellung eines **Frachtbriefes** verlangen; tut er dies, dann besteht gewillkürte Schriftform, Band **I** 21. — Der Frachtbrief ist lediglich Beweisurkunde. — Inhalt des Frachtbriefes: H 426, Abs. 2.

III. **Pflichten** des Frachtführers sind:

1. Ausführung des Transportes,
2. rechtzeitige Ablieferung des Gutes,
3. er **haftet** für den Schaden, der durch Verlust oder Beschädigung des Gutes in der Zeit von der Annahme bis zur Ablieferung oder durch Versäumung der Lieferzeit entsteht; H 429.

Befreiung tritt ein, wenn die Beschädigung oder Verspätung auf Umständen beruht, die durch die Sorgfalt eines ordentlichen Frachtführers nicht abgewendet werden konnten. — Für den Verlust oder die Beschädigung von Kostbarkeiten, Kunstgegenständen, Geld und Wertpapieren haftet der Frachtführer nur, wenn ihm diese Beschaffenheit oder der Wert des Gutes bei der Übergabe zur Beförderung angegeben worden ist. — Schadensberechnung: H 430.

Der Frachtführer hat ein **Verschulden seiner Leute** und ein Verschulden anderer Personen, deren er sich bei der Ausführung der Beförderung bedient, in gleichem Umfange zu vertreten wie eigenes Verschulden; H 431. — Dies ist besonders ausgesprochen, weil B 278 nur auf den Vertragsgegner und auf den Fall der Erfüllungshaftung beschränkt ist.

IV. **Rechte** des Frachtführers:

1. Zahlung der Fracht;

2. Ersatz der Auslagen, Vorschüsse, Zölle und Liegegelder;

3. **Pfandrecht** an dem in seinem Besitze befindlichen Gute wegen dieser Forderungen; **nach** der Ablieferung dauert das Pfandrecht fort, wenn der Frachtführer es binnen **drei** Tagen **nach** der Ablieferung **gerichtlich** geltend macht **und** das Gut noch im Besitze des Empfängers ist (Ausnahme vom Publizitätsprinzipe, Band 3 32).

Der **letzte** Frachtführer übt bei der Ablieferung die Rechte der Vormänner aus.

V. **Ladeschein** ist ein Traditionspapier (w. o. S. 51), das vom Frachtführer über die Verpflichtung zur Auslieferung des Gutes ausgestellt werden kann.

1. Der Ladeschein ist **nicht** obligatorisch; wird er aber ausgestellt, dann ist er **ausschließlich** für das Rechtsverhältnis zwischen dem Frachtführer und dem Empfänger maßgebend.

2. Inhalt des Ladescheins: H 445.

3. **Legitimiert** zum Empfange des Gutes ist derjenige, an den das Gut nach dem Ladescheine abgeliefert werden soll, oder an den der Ladeschein, wenn er an Order lautet, durch Indossament übertragen ist.

4. Der Frachtführer ist zur Ablieferung des Gutes **nur gegen Rückgabe** des Ladescheins, auf dem die Ablieferung des Gutes bescheinigt wird, verpflichtet.

Der Ladeschein kommt praktisch nur noch als **Binnenkonnossement** vor.

§ 39. Beförderung von Gütern und Personen auf den Eisenbahnen. — I. Die **Güterbeförderung** darf von der Eisenbahn nicht verweigert werden, wenn der Absender sich den gesetzlichen und sonstigen Vorschriften unterwirft, die Güter sich zur Beförderung mit den regelmäßigen Beförderungsmitteln eignen und die Beförderung nicht durch höhere Gewalt verhindert wird.

1. Eisenbahnrecht: Band **24** 11. — 2. Haftpflicht: Band **24** 18. — 3. Bahneigentum: Band **24** 25. — 4. Bahnpfandrecht: Band **24** 27. — 5. Kontroverse über die Rechtsgültigkeit der Eisenbahnverkehrsordnung: Band **24** 11.

II. **Haftung** der Eisenbahn für jeden Schaden, ausgenommen:

1. der Schaden ist durch Verschulden oder infolge Anweisung des Verfügungsberechtigten entstanden;

2. bei höherer Gewalt;

3. bei äußerlich nicht erkennbaren Mängeln der Verpackung;

4. bei Schaden durch die natürliche Beschaffenheit des Gutes, namentlich durch inneren Verderb, Schwinden, gewöhnliche Leckage.

III. Die Eisenbahn haftet **für ihre Leute** und für andere Personen, deren sie sich bei der Ausführung der Beförderung bedient; H 458.

IV. Begrenzung des Schadens und Befreiung von der Haftung in speziellen Fällen.

1. Werden Güter nach der Bestimmung des Tarifes oder nach einer in den Frachtbrief aufgenommenen Vereinbarung mit dem Absender in offen gebauten Wagen befördert, dann haftet die Eisenbahn nicht für den Schaden, der aus der mit dieser Beförderungsart verbundenen Gefahr entsteht.

2. Werden Güter, obgleich ihre Natur eine Verpackung zum Schutze gegen Verlust oder Beschädigung während der Beförderung erfordert, nach einer Erklärung des Absenders auf dem Frachtbriefe unverpackt oder mit mangelhafter Verpackung zur Beförderung aufgegeben, dann haftet die Eisenbahn nicht für den Schaden, der aus der mit dem Mangel oder mit der mangelhaften Beschaffenheit der Verpackung verbundenen Gefahr entsteht.

3. Werden Güter nach dem Tarife oder auf Grund frachtbrieflicher Vereinbarung mit dem Absender von diesem oder von dem Empfänger aufgeladen und abgeladen, dann haftet die Eisenbahn nicht für den Schaden, der aus der mit dem Aufladen und Abladen oder mit einer mangelhaften Verladung verbundenen Gefahr entsteht.

4. Sind Güter vermöge ihrer eigentümlichen natürlichen Beschaffenheit der besonderen Gefahr ausgesetzt, Verlust oder Beschädigung, namentlich Bruch, Rost, inneren Verderb, aussergewöhnliche Leckage, Austrocknung und Verstreuung zu erleiden, dann haftet die Eisenbahn nicht für den Schaden, der aus dieser Gefahr entsteht.

5. Bei der Beförderung lebender Tiere haftet die Eisenbahn nicht für den Schaden, der aus der mit dieser Beförderung verbundenen besonderen Gefahr entsteht.

6. Bei Gütern (einschliesslich der Tiere), denen tarifarisch oder nach frachtbriefmässiger Vereinbarung mit dem Absender ein Begleiter beizugeben ist, haftet die Eisenbahn nicht für den Schaden, der aus der Gefahr entsteht, deren Abwendung durch die Begleitung bezweckt wird.

A. W. Hayn's Erben, Potsdam.

MIX
Papier | Fördert gute Waldnutzung
FSC® C083411

Kolibri 360 GmbH
Ferdinand-Jühlke-Straße 7
99095 Erfurt, Deutschland
produktsicherheit@kolibri360.de